青春文庫

論理のスキと心理のツボが面白いほど見える本

ビジネスフレームワーク研究所［編］

青春出版社

アタマもココロも思い通りにできる禁断のハウツー本

どれほど明快な論理をもって説得しても、相手の心に届かなければいい返事はもらえないし、かといって感情に訴えたところで言葉（論理）にまやかしがあれば、やっぱり相手は納得してくれないものだ。

では、どうすればいいのか。本書では、他人を説得するのに欠かせない技法について、「論理」と「心理」という2つの側面から検証している。

たとえば、消極的な相手をその気にさせるための「ＡＢＣ理論」のスゴ技、自分の周りにいる利害関係者をスッキリと整理できる「ステークホルダーマップ」、言葉を使わずに相手を操れる「マジシャンズチョイス」など、アタマもココロも思い通りにできる、目からウロコの禁断のハウツーが満載である。

大人に必要な「論理」を組み立てる力と、「心理」を自在に操る力を同時に身につけ、さっそく難攻不落の相手を〝落とし〟にかかろう。

２０１７年10月

ビジネスフレームワーク研究所

Step 1

論理術×心理術を身につければ、一瞬で手強い交渉者になれる……31

Step 2
論理で押すか、心理を突くか…このやり方でどんな相手も陥落する……49

Step 4 言葉で心を揺さぶれば、思い通りに相手は動く …… 115

カバーイラスト■Tomsickova Tatyana/shutterstock.com
制作■新井イッセー事務所
DTP■フジマックオフィス

Prologue

論理のスキと心理のツボが見えれば、人間関係はもっとスムーズになる

自分の思い通りに相手を動かしたいと思ったら、それなりの〝作法〟がある。この章では、「説得」の前段階として、人間関係のコツとポイントを集めた。

キーワードは、「論理」と「心理」である。

01 「ステークホルダーマップ」で、利害関係者をスッキリ整理する

どうしても通したい企画があるのに、うまく根回しができずになかなか思い通りに説得できないことがあるだろう。

こうなってしまう原因のひとつは、その案件の利害関係者（ステークホルダー）をきちんと把握していないことにある。

この件に関して味方になってくれる人は誰なのか、反対してくる部署があるとしたらどこなのかなどをしっかり把握しておかないと、思わぬところから横やりが入ってせっかくの企画も暗礁に乗り上げてしまいかねない。

そこで何かプロジェクトを始める時などには、前もって組織や集団の利害関係を**「ステークホルダーマップ」にマッピング**しておくといい。

■ステークホルダーマップで状況を見極める

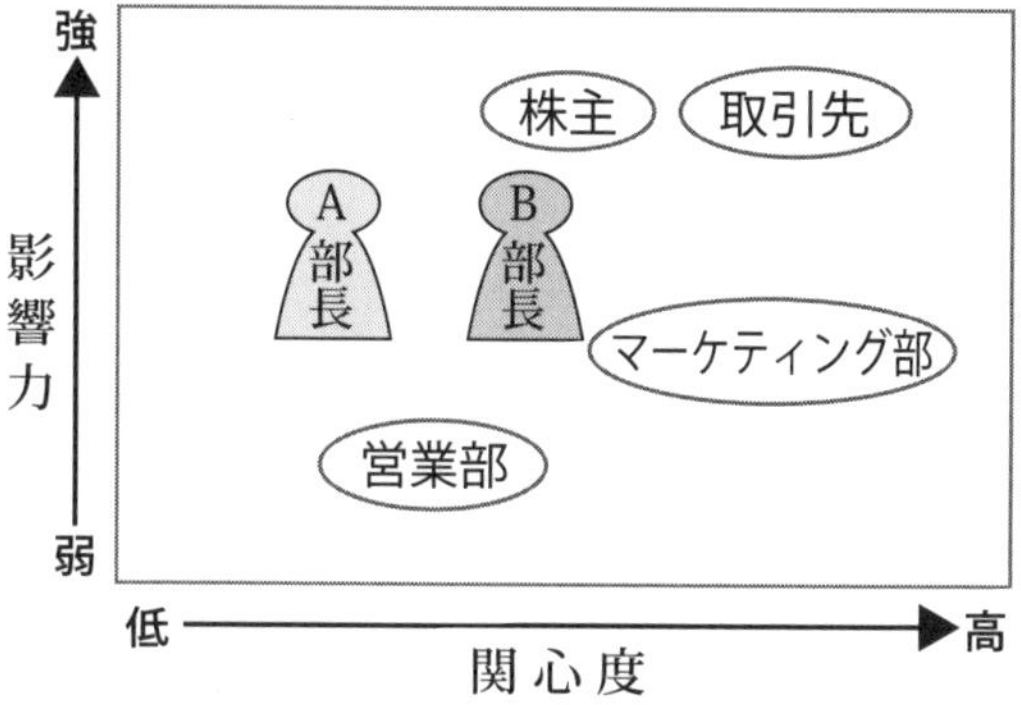

ステークホルダーマップとは、**利害関係者の立ち位置を可視化**して把握するためのものだ。縦軸はその案件への影響力、横軸は関心度で、マトリクスに利害関係者を配置していく。

社内の人物だけに限らず、影響力のある取引先や顧客、株主なども洗い出して配置すると、**全体のパワーバランスをぬかりなく俯瞰できる**。

こうしてすべて配置すると、その案件に対して影響力があり、かつ高い関心を示してくれているキープレイヤーが誰なのかが明確に見えてくる。また抵抗勢力が誰で、そこにどのような働きかけをしたらいいのかも客観的に把握できる。

02 人間関係のベースにある「お互いの納得感」の見つけ方

人間同士のつき合いはなるべくなら損得抜きで…とは思っていても、ビジネスとなるとそういうわけにもいかない。

商談などでの物理的な損得はもちろんのこと、職場の仲間であっても人間関係を構築する以上は、どうしても損得勘定がつきまとうものだ。

こんな時、どうしても自分が「得する側」に立ちたいと考えがちだが、じつはその考え方は結果的に損をする。目指すのは「Win-Win の関係」であるべきだ。

Win-Win とは直訳すれば「どちらも勝つ」ことだ。わかりやすい言い方をすれば、**「どちらも得をする」「両者にウマみがある」**関係を意味する。

たとえば、自分が得をして相手が損をする**「Win-Lose」**の関係は、その場だけなら成功パターンに思えるが、この関係性はLose側が不満を溜め込むことで、どちらも得をしない**「Lose-Lose」**の関係に変化しやすい。

なぜなら、こちらだけにウマみがある一方的な条件を提示して仮に取引が成立したとしても、その相手は二度と取引に応じない可能性が大きい。そうなれば結果的にこちらも顧客を失い、損をすることになるからだ。

これを避けるには、やはり最初から「Win-Win の関係」を模索することだろう。

身近な例でいえば、苦手な「飲み会の幹事」を同僚に引き受けてもらう代わりに、同僚が負担に感じている「次の会議の資料作り」を引き受ける。これはまぎれもなく「Win-Win の関係」である。

商談の場でも「これは御社にとってメリットがある取引なんです」というよりも、「これは御社だけでなく、我が社にとってもメリットがある取引なんです」と提示するほうが、率直で前向きさも感じられる。ビジネス上の**パートナーシップを意識させる**ことで、相手も「なるほど」と納得しやすいのだ。

03 「ロール・プレイング」することで、次の一手に迷いがなくなる

「相手の立場になって物事を考える」。これはコミュニケーションの基本中の基本だ。

だが、いくら自分の頭でシミュレーションをしてみても今ひとつイメージがわかないことがある。そんな時は、**「ロール・プレイング」**で自分以外の人を演じてみるのもひとつの手だろう。

ロール・プレイングは、企業の研修などで取り入れられる疑似体験の一種で、日本語では**「役割演技」**と呼ばれる。異なる役割を想定して演じることでその理解を深めるという狙いがある。

よくあるのは、営業マンやサービス業が顧客を相手にする場面だ。顧客と営

業担当に分かれ、クレームの対応場面を演じたりする。

異なる立場でのやりとりを通じて、相手の求めるものや自分に不足している部分を知ることができるのが最大のメリットといえるだろう。

とはいえ、ロール・プレイングの成果をより論理的に生かすためには、ただ闇雲にやるだけでは不十分だ。

重要なのは、どこにポイントを置くかあらかじめ決めておくことだ。たとえば**言葉遣い、対応力、行動力など、いくつかチェック事項を設定しておく**といいだろう。

そして、そのチェック事項に対してあとでディスカッションすることも大事だ。たとえば、自分の演じた役割について感想を細かく話したり、それが営業担当を演じたのであれば、実際の営業担当に細かくフィードバックすれば互いに気づきを得ることもできる。

役割演技というだけあって、実際にやるのはなかなか気恥ずかしく、苦手だという人も多いかもしれない。だが、本気でやってこそ意味があるので、思い切ってトライしてみてほしい。

04 価値観の違う相手とのやり取りでも、ストレスを感じなくなる裏ワザ

「あの人とはどうも合わない」という相手は誰にでもいるものだが、だからといってつき合いをバッサリ切って済む間柄ばかりではない。

気が合わなかろうが、違和感があろうが、無理してでも仕事上のつき合いを続けていかなければならないケースのほうがずっと多いだろう。

そんな時、つい「我慢してつき合う」という選択肢をとりやすいが、自分の中でその違和感を解消できる方法がある。

それは**「価値観の違い」を「個性」と割り切る**思考を持つことだ。

「気が合わない」とは、突き詰めれば「価値観が違う」ということである。

「残業はいっさいやらない」「飲み会には絶対参加しない」といったその人の

ポリシーのようなものから、「怒りっぽい」「八方美人」といった性格的なものまで、すべてはその事柄に対する考え方の違いに尽きる。

こういう場合、いくら気に入らないからといって相手を理屈でねじ伏せようなどと思うのは間違いだ。なぜなら、その人の**「価値観」**は**「個性」**だからである。もちろん、社会人としての法律違反やルール違反であれば、まったく別の話であるのはいうまでもない。

たとえば、職場が生活の中心になっている人には、どれほど頼まれても残業や飲み会を断る人の考えは信じられないし、不満にも思うだろう。

だが、こういう場合、どちらがより社会性があるかなど、自分なりの基準で優劣をつけたくなるから違和感が起こるのだ。

そうではなく、その価値観はその人の**パーソナリティ**として受け入れてしまえばいい。血液型や髪の色などと同じように、他人では変えられないものだと認識するのだ。

そうすれば、**「違和感があって当たり前」**だと冷静かつ論理的にとらえられ、勝手に期待してがっかりするような事態も防げるはずだ。

05 「共感図法」は、人の気持ちをきちんと分析するのに使える

人とコミュニケーションをとる時に基本となるのが「相手の身になって考えること」だ。

こんな提案をしたら相手はどう思うか、こう発言したら相手はどう受け取るかなど、相手の身になって考えてみないと、とんだ見当違いの提案や失言で信頼を失うこともあるだろう。

そこで使えるのが**「共感図法」**である。この手法は、対象となる相手が何を考えているかをチームで話し合いながらマップ化していくものだ。

たとえば、取引先のA部長を対象者とした場合、A部長の肩書である「〇〇株式会社　営業部部長　A氏」と、ホワイトボードや紙の真ん中に書く。名刺

■共感図法で相手の考えが浮かび上がる

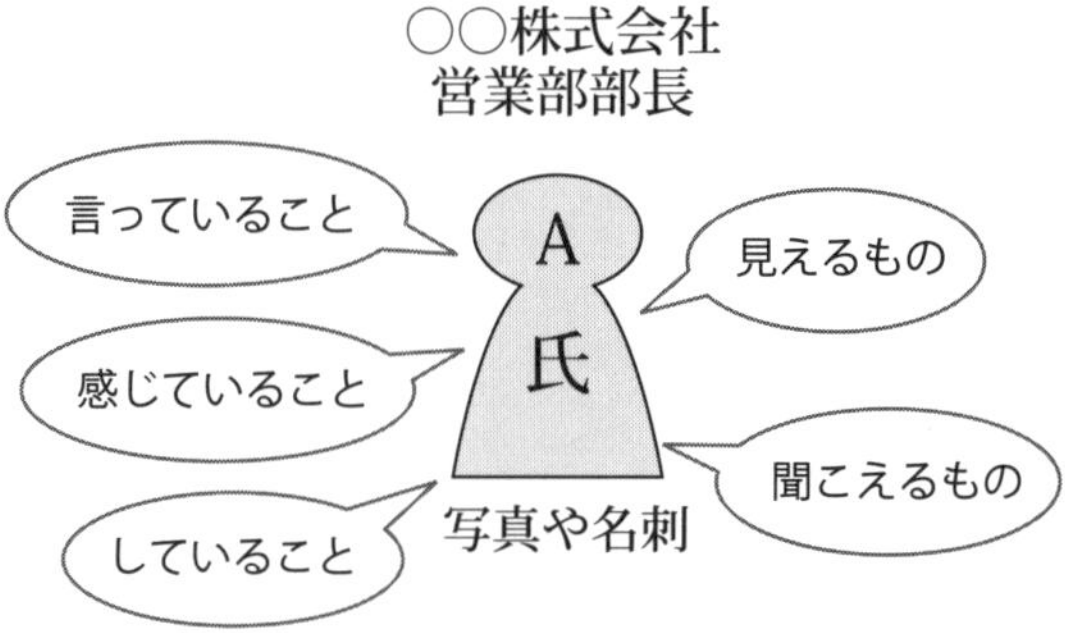

を貼ってもいいし、写真などがあればイメージがはっきりする。

それからA部長の身になって、A部長が**「見えるもの」「聞こえるもの」「言っていること」「感じていること」「していること」**の5項目をメモや付箋にどんどん書き出していく。

書き出したメモをA部長のプロフィールの周囲にカテゴリー別に配置していけば完成である。

チームで「A部長の耳にはあの情報が入っているよね」とか「この前、こんなことを言っていた」などの情報を出し合い、A部長の気持ちを想像していくことで人物像が浮かび上がってくる。

06 言葉の〝キャッチボール〟をめぐる大きな誤解とは？

「発信力」はコミュニケーションに欠かせないスキルだ。どんな場においても自分の意見や主張を上手に発信できる人は、おのずとその集団の中心的存在になるからだ。

ただ、ひと口に「発信」といってもその奥は深い。文字通り、自分の意見をただ発信するだけではうまく伝えられないことが多いだろう。たしかに自分の意見や主張を声に出してみたり文字にして伝えることは重要だが、それ以上に大切なのが発信のしかたなのである。

そこで覚えておきたいのが、**「コミュニケーション・フレームワーク」**という考え方だ。

コミュニケーション・フレームワークのポイントは3つある。**①誰に伝えるか、②何を伝えるか、③どうやって伝えるか**だ。

まず1つ目の「誰に」だが、相手が学生なのか社会人なのか、年齢層や社会的な背景など、できるだけ細かい分析をしておく。相手に合わせて使う言葉や語り口、話の中で挙げる事例などを選ぶことでより伝わりやすくなる。

2つ目の「何を」では、自分の意見の中で相手のニーズに合った部分をクローズアップしたり、切り口を変化させられるといい。

そして3つ目の「どうやって」だが、デジタルコンテンツに馴染んでいる若い世代であれば動画、年齢が高ければ紙媒体といったような変化もつけられるだろうし、伝える相手の人数によってはお茶を飲みながらがいいとか、ある程度の大きさの会議室を使うなど、さまざまなバリエーションが考えられるはずだ。

つまり、コミュニケーション・フレームワークを利用した発信では、相手の状況を的確に読み取る〝**受信力**〟が欠かせないカギになる。自分の意見をただ主張するだけでなく、受信の感度も高めておくことが大切なのである。

07 主張が対立していても、不満のない結論が出せる人の共通点

グループ同士で意見を交わす場面では、全員の意見が同じなどということはまずあり得ない。多少の食い違いがあるのはまだいいほうで、真っ向から意見が対立してしまうこともよくある話だ。

身近な例を挙げれば、誰かと2人で夕食をとりに出かけたとしよう。自分は中華料理が食べたいと言い、相手はイタリアンを希望した場合、いったいどうするのが最善の策だろうか。

論理的にいえば、どちらの意見も尊重されていいはずだ。善悪で判断するようなケースを除いては、それぞれの主張には同等の理由がある。まして好みはそれぞれ。自分の意見を主張するのに遠慮はいらない。

だからといって、一方的に自分の意見を通そうとしたら、もう一方を無視するということになる。これでは、双方が不満のない結論を出すのはとうてい無理な話だ。

ここで役に立つのが、**「アサーション」**という心理技法である。自分の意見と相手の意見が対立した時に、**双方の意見を尊重しつつ自己表現する**というコミュニケーションスキルだ。

具体的には、まず自分の意見を一方的に押しつけないようにする。もちろん、無理して相手に合わせるようなこともしない。では、どうするか。

自分の主張も生かしつつ**相手にも配慮して折り合えるポイントを見つける**のがアサーションのスキルである。

アサーションでは、自己主張が苦手な人は臆せず意見を主張し、逆に自己主張が強めだと自覚がある人は他の意見に耳を傾けることが重要だ。そこを意識することで、互いが納得できる結論に導いていけるはずである。

08 たくさんの意見がある時の「落としどころ」はどこにある？

何人かで集まり、ひとつのテーマについて自由に意見を出し合うスタイルを**「ブレイン・ストーミング」**という。

それぞれがいろいろな考えを持っているので、広い視野でアイデアを集められるメリットがあり、多少、突飛な発想や思いつきでも、まずはあらゆる方向からアイデアを出し尽くすのである。

もっとも、このままでは雑多な意見の羅列にすぎない。これらを使える情報に変えられるどうかは、じつはまとめ方がものをいうのだ。

大量に集めた情報をわかりやすく集約したいなら、まず**グルーピング**をするといい。同じような内容や傾向の意見をグループごとに分けるのだ。

たとえば、あらかじめ皆で意見を出し合う段階で一つひとつをカード化しておくと、簡単に分類できて便利である。

そして、グループ分けができたら、各グループをひとくくりにする名前をつける。こうするとバラバラだった意見がすっきりと整理整頓され、論点が明確になってくるのだ。

また、グループに分けることによって、**ダブりやヌケがよく見える**ようになる。重複や無駄は削り、足りない部分を補えば、アイデアはいっそう精度を増すはずだ。

なかにはどうしてもグループに分類できないものがあるかもしれない。重要度が低いなら思い切って落とし、残しておきたい意見だけをその他としてまとめておこう。

ところで、ブレイン・ストーミングは複数の人間と行うものだが、この方法はひとりで考える時にも使える。

〝ひとりブレイン・ストーミング〟を行うことで考えが整然とし、言いたいことが論理的に組み立てられるようになるのである。

Step 1

論理術×心理術を身につければ、一瞬で手強い交渉者になれる

相手を思うがままに操縦するには、論理と心理を上手に組み合わせることが大切だ。どちらか一方が欠けても説得は難しくなる。ここでは、論理と心理の〝合わせ技〟を学習しよう。使い方を身につければコワイものなしだ。

09 理屈でコントロールし、感情を揺さぶるためにまずやるべきこと

商談などでいくら論理的に説明されても「理屈はわかるけれど、どうも応じる気になれない」ということはあるだろう。

その反対に、いくら情熱的な言葉で説得されても「気持ちは伝わるけれど、論理的に欠けているから応じるには心配がある」という場合もある。

つまり、論理も心理もどちらか一方が欠けたら、相手を説得するのは難しくなるというわけだ。それぞれを上手に組み合わせることで、相手は納得して自ら説得に応じるようになるのである。

そのためには論理と心理のバランスが大切になるのだが、まずは論理的な考え方を示して話の流れをコントロールすることだ。

この時に使えるのが**「MECE（ミーシー）」**というフレームワークである。それぞれ「Mutually」**（相互に）**、「Exclusive」**（重複せず）**、「Collectively」**（全体に）**、「Exhaustive」**（モレがない）**、の頭文字をとったものだ。

ＭＥＣＥを使った論理的思考で「モレなくダブリなく」説明すると、こちらの主張に納得して話を前向きに受け入れやすくなるのである。

そして〝頭〟できちんと納得してもらったあとに、次は相手に合わせた心理術を臨機応変に駆使して〝心〟に揺さぶりをかけるのだ。

たとえば、**「返報性のルール」**を使って相手の心を動かすなら、会う時には毎回何らかのお土産を持っていく。お土産は物ではなく、競合他社の資料や市場のデータといった情報でもＯＫだ。

何かのメリットを与え続けていれば相手には「いつかお返しをしなくては」という気持ちが無意識に染みついている。

ＭＥＣＥで論理的な説明をしたあとに「どうかこの商談だけはまとめさせて下さい」と切実に訴えれば、「いつもあなたにはよくしてもらっているから」とすんなり応じてくれる可能性は高くなるはずだ。

10 消極的な相手をその気にさせるABC理論のスゴ技とは？

交渉を成功に導くためには相手の心理状態をくみ取って、それに応じた会話を展開したいものである。しかし、これがなかなか難しい。なかでもネガティブな精神状態に陥っている人を説得するのは至難のワザだ。

人はいったんネガティブ思考に陥ってしまうと、周囲がどんな提案をしても「以前も同じようなことを言われて失敗したことがあるから」とか「この不景気に何をやってもうまくいきっこない」などと、消極的な発想しか出てこない。

しかし、そうしたネガティブな発言にじっくり耳を傾けてみると、何の根拠もないことがよくある。たまたま大きなミスが続いたことで「また次もミスするに違いない」と、感情的な思い込みをしているケースも多い。

こういう心理状態の相手をポジティブ思考に導くには、**「ＡＢＣ理論」**を活用してネガティブ思考を断ち切るといい。

ＡＢＣ理論とはアメリカの心理学者アルバート・エリスが提唱したもので、**出来事（Ａ）は思考（Ｂ）によって解釈され、感情や行動などの結果（Ｃ）がもたらされる**という理論だ。

つまり、進行中のプロジェクトが失敗しても、この失敗を「もうダメだ。次も失敗する」と捉えて消極的になるか、「今回はこの点がいけなかった。修正すれば次は必ず成功する」と捉えて積極的に行動するか、失敗の捉え方によって結果は変わってくるというのである。

鍵になるのはＢの思考の部分である。本人がここでよくない思い込みをしていると、ネガティブな感情や結果を招いてしまうからだ。

だから、「前回失敗した箇所を大幅に改善したデータを持ってきました。これで次はうまくいきます」など根拠を示し、**不安を払しょくする**ことが大切になる。そうすれば相手はネガティブな心理状態から抜け出し、前向きに説得に応じてくれるようになるだろう。

11 思い込みは、このやり方で論理的思考にチェンジできる！

チームで仕事をしていると、お互いのちょっとした意見の食い違いや失敗などから仕事の流れがよくない方向に変わってしまうことがある。

たとえば、毎回ミスを繰り返してチームの足を引っ張るAさんという人がいたとする。すると「Aがこのチームにいる限りは、次のプロジェクトもどうせうまくいかないのではないか」といったマイナス思考が蔓延し、思ったような成果が上がらなくなるのだ。

こうしたネガティブな空気をポジティブに転換させるには**「論理療法」**が効果的である。

論理療法とは**「非合理的な物事の受け止め方（イラショナル・ビリーフ）」**

を「合理的な物事の受け止め方（ラショナル・ビリーフ）」に変えていくという心理療法理論だ。

論理療法では、人の悩みは出来事そのものではなく、その出来事をどう受け止めるかによって生まれてくる。だから、受け止め方を変えれば悩みの解消につながると考える。

今回の例では「Aが足を引っ張るからどうせ失敗する」と、まだ起こってもいない先のことまでネガティブに捉え、否定的な思い込みがチームに広がって、それが仕事の流れを悪い方向へと導いている。

この流れを変えるためには「本当にAのミスだけが原因なのか」「チームでのフォロー体制ができていなかったのでは」などと失敗の原因を冷静に分析し、**合理的な解釈に置き換える**ことが必要だ。

こうすれば「Aの仕事の負担が大きいことがミスを起こしている要因だから、チーム内で仕事を分散しよう」などと、論理的に解決することができる。

悪い思い込みを払しょくして物事を合理的に受け止めれば、いい結果につながっていくのである。

12 感情につけ込む手口にダマされないようにする方法

人は感情的になっていると冷静に状況を判断できなくなるものだ。

恋をして浮かれていれば、その相手から「新しく事業を始めるのに資金が足りないからお金を貸してほしい。頼めるのはあなたしかいない」という、いかにも怪しげな話も鵜呑みにしてお金を貸してしまうこともある。

こういう時、心のスキ間につけ込んでくる相手は一見すると論理的に話を進めてくることが多い。この例の場合だと、どんな事業を始めたくて、それがどれだけ将来的に有望なのかメリットを並べ立てて説明してくる。そして、そのあと感情的に訴えかけてくるのだ。

つまり、恋する2人の将来にとってもこの事業は大きなメリットを持っているのだと、恋愛感情を揺さぶってくるのである。

恋愛感情に支配されている状態だと、ここで判断力が鈍ってしまう。詐欺だと疑いもせずに「素晴らしい話だ」と飛びついてしまうことになるわけだ。

大切なのは、**盲目的な感情に支配されている時ほど、その状況を客観的に冷静になって分析して対抗する**ことだ。まずは問題の全体像を俯瞰し、どんな問題がどれだけあるのかを把握しておくといい。

そこから個々の問題に対して個別に検討していく。たとえば、事業の実態は本当にあるのか、将来的に有望だという根拠はいったいどこにあるのかなどすべての問題や疑問、矛盾を書き出してみることだ。

そうして全体像をつかんでから個々の問題を検討していくと、恋愛感情というフィルターを通して今まで見えていなかったエリアがはっきりしてくるはずだ。

ほかにも人の感情につけ込む手口には、不安や危険、恐怖心を煽ってから説得をする**「恐怖アピール」**などという手法がある。

言葉巧みに操られないように、感情に流されず、論理的思考に切り替えるように心がけてみたい。

13 言いにくいこともスマートに主張できる〝DESC話法〟の秘密とは？

世の中には言いにくいことでも平気でズバズバと言えてしまう強者もいるが、たいていの人はそうはいかない。

「どう言えば気を悪くせずに済むかな」とか、「角を立てずに指摘する方法はないかな」などと、あれこれ模索するものである。

そんな時は**「DESC話法」**というテクニックを使えば、意外とうまくいくかもしれない。

これは、次の4つのステップで会話を進めるというやり方である。

①D（Describe／**描写する**）…状況を客観的に話す

②E（Express／**表現する**）…状況に対する自分の考えを表現する

③S（Specify／**提案する**）…よりよくなる提案をする
④C（Consequences／**結果を伝える**）…肯定的、あるいは否定的な結末を伝える

たとえば、清潔感のない同僚に「もっと身だしなみに気を使ったほうがいい」ということを伝えたいとしよう。それをDESC話法に沿って話すと、次のような展開になる。

①「君はいつも身だしなみに無頓着だよね」
②「そのまま顧客のところに行くと不快に思う人もいるんじゃないかな」
③「アイロンはかけたほうがいいし、髭も剃ったほうがいい。清潔感は大事だ」
④「今のままじゃ厳しいと思う。身だしなみを整えればもっと契約が取れるよ」

いかがだろう。これなら問題点をしっかり掲げながら、**主観と客観で建設的な提案をする**ことができるのでそれほど嫌味にはならない。

たまに「君のためを思って」などと切り出す人もいるが、相手によっては上から目線を感じて機嫌を損ねる場合もある。むしろ、この話法を使えば、ストレートな物言いでも十分に相手の心に響くのだ。

14 アンチプロブレムの発想なら、正反対の極論から〝気づき〟が得られる

新しいアイデアをひねり出そうと頑張っても、常識にとらわれてありきたりの発想しかできない。このままでは自分の引き出しも増えないし、交渉相手を口説くにしても説得力が足りない。あの人なら何か面白い視点で物事を考えてくれそう――。

相手にこんなふうに思われるためにはどうしたらいいだろうか。

そこでおすすめなのが、そのテーマの正反対の極論を考える「**アンチプロブレム**」という発想法だ。

たとえば、「子供にウケる料理」というお題があったら、あえて「子供が絶対に喜ばない料理」に発想を広げて考えてみる。

見た目がかわいくない、野菜が多い、苦い、クセのある食材が入っている…などが挙げられるとすれば、そこから「大人っぽい味つけや見た目を好む、渋好みのおマセな子供」というターゲットが浮かび上がる。

そうすれば「珍味を取り入れた子供向けの料理」や「お酒っぽい見た目のノンアルコールの飲料」といった視点が得られる。つまり、**逆転の発想**というわけだ。

また、このアンチプロブレムはふだんは**見逃していることに対して気づきを与えてくれる**方法としても有効だ。

たとえば、なかなか首を縦に振らない人がいたら、ふつうはその人が喜びそうなことを考えるのがセオリーだが、反対に相手が嫌がりそうなことを考えてみるのである。

もし、その内容にあてはまる自分の言動に覚えがあれば、それが交渉の妨げになっていることは一目瞭然だろう。

答えは対極にあるかもしれない。この考え方を頭に留めておくと、口説き落としたい相手を自分のペースに巻き込む斬新な発想にたどり着けるのである。

15 切り返しのロジックで、難色を示す相手を一瞬でその気にさせる

相手がなかなか話に食いついてこない、ネガティブな反応ばかりする…。交渉事でこのような事態に陥ったら、なんとか状況を打破できる一撃必殺の手を打ちたいものだ。そのための論理をふだんからいくつか構築しておこう。

たとえば、お得意先に新たな商品プランを売り込もうとしているが、先方が難色を示していたとする。

「この新しいプラン、いかがでしょう？」

「未知数な部分が多くて、うちではちょっと無理だね」

このような場合は、**成功例を持ち出して提案する**のが正解だ。

「同じような不安をA社の○○さんにもご指摘いただきましたが、先日、導入

してよかった。ありがとうと感謝のお言葉をいただきました。その後も継続して契約いただいております」

これなら「他社の満足」が「不安の要因である未知数」を埋めることになる。たとえ具体的な内容でなくても、同じ不安を持っている人が成功しているという事実だけで相手の不信感はやわらぐものだ。

また、質問に質問で返すのも有効な手段だろう。

「コスト面で厳しいんですが、もう少し安くなりますか？」ときたら、「逆に、どのくらいならご検討いただけるのでしょうか？」とボールを投げ返す。

そして、相手が具体的な例を出してきたら、「では、こちらの商品ではいかがでしょう」と相手に合わせた提案に持ち込むのだ。

提示した条件が難しいなら、相手の条件に合わせればいい。**質問返し**はその条件を引き出すための簡単かつ有効なロジックなのだ。

これは相手の出方を見て繰り出す、**カウンター型のコミュニケーションスキル**である。仮にセールストークが苦手な人でも、性格的に押しが弱い人でも、あっという間に相手をその気にさせることができるのだ。

16 数字を効果的に見せる「コントラスト効果」の威力

プレゼンテーションをする時に重要なポイントのひとつになるのが、説得力のある根拠を示すことだ。特に、数字を絡めたデータは信頼がおける根拠として説得力がグンと高まる。できるだけ活用して相手の心を動かすような資料や企画書を作成したいものである。

ところで、数字というのはその人が持つ印象によって高い数値と思えるか、あるいは低い数値と思えるか、判断が変わってくることがある。

たとえば「通常15万円のパソコンが、今なら9万9800円！」という家電量販店のチラシを見たら、安いと感じる人は多いだろう。

だが、これが「3万9800円でパソコン大安売り！」という他の家電量販店のチラシを見たあとだったら、9万9800円をそれほど安く感じないのではないだろうか。

これは**「コントラスト効果」**といわれるもので、**直前に提示された数字と比較して安いと感じたり高いと感じたりする**わけだ。

資料や企画書の作成で数字などのデータを入れる時にも、この手法を使いたい。ただ単に「このシステムを使った場合のリピート率は70パーセント」と書いてあるよりも、その直前に「他社のシステムを使った場合の顧客のリピート率は30パーセント」と書いてあるほうが説得力に格段の差が出る。

また、もっと数字を効果的に見せたい時にはグラフや表を使うことだ。**視覚的に錯覚を起こしやすいグラフ**を作成すれば、実際の数値以上の印象を与えることも可能になる。

この例でグラフを作るなら、縦軸を横軸よりも長くして他社のリピート率30パーセントと、自社のリピート率70パーセントの差がグンと開いているように見せる。**フォーカスしたい内容を強調してコントラスト効果をより鮮明にする**ことで、さらに強烈なインパクトを与えることができるのである。

Step 2

論理で押すか、心理を突くか…このやり方でどんな相手も陥落する

たとえば、相手を論破するにしても気合いだけでは見透かされるだけだ。まずは鉄壁な論理を組み立て、相手の心情心理を細かく読む必要がある。

そのうえで、どんな説得が最も効果があるか、適切な状況判断を下せるようにしておきたい。

17 頭のいい説明ができる人は、主張と根拠を分けて考える〈論理〉

文章を読んでも会話をしていても「いったい、この人は何が言いたいのだろう」という人に出くわす機会は多い。

説得力が欠けているといえばそれまでだが、文章を書くにしても人と面と向かって話す場合でも、大切なのはきちんとした**自分の主張（メッセージ）ができているかどうか**にかかっている。

しかし自分の考えや、やり方などを延々と話せば相手はそれで納得してくれるのかといえば、それはNOである。

論理的なコミュニケーションの本質とは**「主張」と「根拠」**の2つで成り立ち、さらにそれらをはっきりとすみ分けることにある。

主張とは「言いたいこと」「結論」であり、根拠は「その理由」である。たとえば「私は山が好きだ。なぜなら、ストレスを発散できるから」でいえば、「私は山が好きだ」が主張であり、「ストレスを発散できる」が根拠になる。

つまり、自分の考えや意見を言うからには必ずその理由が存在するもので、どんなに饒舌に説明されたところで納得のいくワケが示されなければただの「話好きな人」で終わってしまうことになる。

ポイントは、**上に主張があり、それを下で支えているのが根拠**という構図だ。

まず、主張が先にありきで、次にそれを事例や数字、状況などでいろいろな角度から説明しているのが根拠なのである。

ちなみに、主張に対して根拠はひとつとは限らない。たったひとつの根拠に支えられた主張は論理的にもろいうえ、相手につけ入るスキを与えるからだ。

それよりも、**5つ6つの確かな根拠に裏づけられたほうがより説得力が増す**のは明白だろう。

18 交渉をシブる相手には「三角ロジック」で攻め立てろ〈論理〉

一所懸命に話してくれたが、結局何が言いたいのかさっぱりわからなかった…。こんなことはよくあるが、誰かに話をする時には、**「主張」「論拠」「データ」の3つが整合性を保っているのが理想**だ。

これは**「三角ロジック」**と呼ばれるもので、「主張」＝言いたいこと、「論拠」＝そのための理由づけ、**「データ」**＝その裏づけということになる。

このうち「論拠」と「データ」は、主張に対する「なぜ？」の部分の答えに該当する「根拠」なので極めて重要だ。

誰かを説得したい場合、長々と言いたいことだけを話しても、この「根拠」の部分が欠けていると相手にはまったく伝わらない。

■三角ロジックでその気にさせる

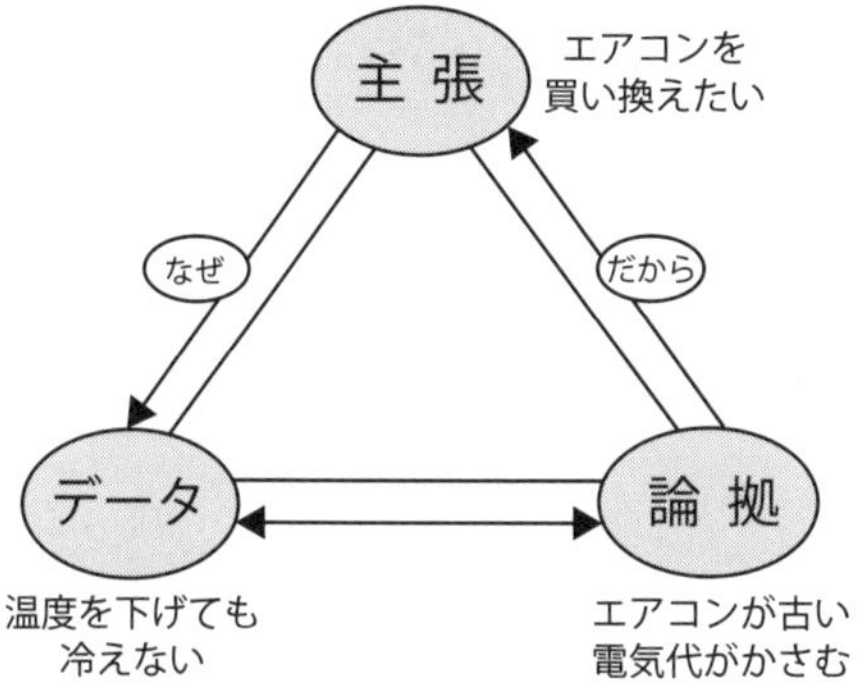

たとえば、「エアコンの買い替え」について誰かを説得するとしよう。

上の図の三角ロジックのうち、データは主張の「なぜ」の部分に対する回答だ。そして論拠は、「だからこうする」と主張を支えている。

ただ、「エアコンを買い替えたい」だけでは説得できなくても、**3つの要素がかみ合えば俄然相手をその気にさせることができる**のである。

交渉の場で相手の反応が鈍い時は、三角ロジックが不完全な証拠だ。話の途中で立て直すととっちらかってしまうので、あらかじめ頭の中でしっかり組み立ててから望むのが得策だろう。

19 マクロからミクロへの視点移動で、論理破綻を防げる〈論理〉

「木を見て森を見ず」というが、これは細微なことにとらわれて全体が見えていない状態を指している。

では「木を見る」のと「森を見る」のとではいったい何が違うのか。決定的に違うのは「視点」だろう。

物事を考える時には、まず**「マクロな視点」**が先にくるのが基本だ。「マクロ」には全体、概要といった意味があり、ビジネスでいえば全体のプランや大筋を考える時に必ず必要になる視点である。

これによって全体像が見えたら、その次に**「ミクロな視点」**で問題のある箇所や重要な部分について考えればいい。「ミクロ」とは「マクロ」の反対語で、個別や詳細といった意味になる。

この**「マクロ↓ミクロ」という視点を持つ**だけで、どんな物事も論理的に進めることができるのだ。

ただし、マクロの視点を持つにはコツがある。それは全体像を俯瞰して見ることだ。木だけを見るなら木の前に立てばいいが、森を見るなら鳥のように空から俯瞰して見る必要がある。

たとえば事業計画や企画案など、複数の部署や人間が同時に関わるようなものは、真上からその全体像を見なければ大まかな流れをつかむことはできないだろう。

そして、その視点を持つことで、初めて問題のある箇所や強化すべき場所を発見することができる。この順番を間違えると、ロジックもプランも破綻してしまい、結局は行き詰まって終わりだ。

交渉などにおいても、相手をきっちり納得させたうえで自分のペースに巻き込むためには、木の話ばかりでは不十分だ。**森があってこその木の話**だということを覚えておきたい。

20 接続詞は、話の展開をはっきりさせる“論理の標識”〈論理〉

自分が語りたいことは誰でも前もって入念に検討するが、話と話をつなぐ接続詞はどれだけ意識しているだろうか。

たしかに、接続詞がなくても意味は通じるかもしれないが、この一語を入れるか入れないかで与える印象は大きく変わってくる。接続詞は話の方向を指し示す**“論理の標識”**だからだ。

たとえば、接続詞には次のような働きがある。

・逆の内容に変わる（**しかし、ところが**）
・別の話に移る（**ところで、さて**）
・理由や根拠を示す（**なぜなら、というのは**）

・まとめたり、言い換える（**つまり、ようするに**）
・対比を表す（**一方、あるいは**）
・いくつかを並列に示す（**それから、そして**）

これらの接続詞が入ることによって、この先に続く内容が根拠であるとか逆説がくるとか、聞き手には明確になる。したがって、解釈に迷ったり誤解したりせず、自分の考えを正確に理解してもらえるのだ。

接続詞は、ふだんはあまり気に留めないものだろう。とはいえ、会議やプレゼンなどで効果的に使いこなすと話の内容が引き締まり、論理的に聞こえる。説得力も一段と増すはずだ。

こうした接続詞は適切な箇所で正しく用いることが肝心である。「しかし」というべきところを「ところで」とやってしまったら、聞き手は混乱するばかりだ。くれぐれも用法は間違えないように気をつけたい。

ちなみに、**「なぜなら」のあとには根拠や理由が示される**。特にここが薄っぺらな内容だと説得力はガタ落ちだ。

内容が充実してこそ、論理の標識も活きてくるのである。

21 7割以上当てはまれば「強い根拠」として使える〈論理〉

人を納得させるためには根拠が必要だ。しかし、論理的に考えて導き出した根拠でも「それは君の考えにすぎない」と言われる可能性がある。

こういう場面では、事例や数字といった客観的データが役に立つ。

誰にとってもデータというのはわかりやすいが、特に論理的な思考をする人に対して効力を発揮するのが**データ**だ。

彼らは「たぶん」や「おそらく」などの曖昧な表現を好まない傾向が強い。その点、データは目に見える証拠となるために説得力が増すわけだ。だからこそ、自信を持って示せるデータを用意しなければならないのである。

たとえば、1人の友人に聞いた話を一般論として語るのは無理がある。

また、検索してたまたまヒットした情報をそのまま提示するのも問題だ。ネット上の情報は、誤りや出典がはっきりしないものも多く、あやふやなデータはかえって信用そのものを損ねることにもなりかねない。その情報が正しいかどうか、必ず裏づけを取るようにすべきだろう。

その点、公の機関が発表しているデータは信用できるものの、時々修正が入ったり、最新ではない場合もあるので確認が必要である。

そして、自信を持って自分の考え方を示すには、正確さに加えて**データ自体の力も重要**になってくる。

自説を補強したいにもかかわらず、3割の人しか当てはまらない事例では説得力が弱いといわれてもしかたないだろう。

根拠として使えるのは、**7割以上に当てはまる**ケースだ。こういうデータなら「概して」「おおむね」といった表現をつけて強く主張できる。

余談になるが、会議などでも7割以上の同意を取りつければ意見は通りやすくなる。「おおむねの人が賛成しています」と言われたら、反論もしにくくなるのだ。

22 「仮説の準備」を怠ると、交渉は思わぬ事態に直面する〈論理〉

誰かを説得しようという時、自分はこうしたいと主張するだけではなかなか納得してもらえないものだ。だから、データや根拠をそろえて自説を補強するのである。

交渉の前にこうした準備は欠かせないが、これだけではもちろん不十分だ。論理的に話を進めたいなら、さらに**「仮説」をプラス**すべきである。

交渉事には必ず相手が存在する。こちらの意見に同意してくれれば問題ないものの、すんなり受け入れてくれるとは限らない。無理なゴリ押しは状況を悪化させる恐れもあるだろう。

交渉では冷静かつ柔軟な対応が求められる。そこで、どんな事態にも対応できるように相手の出方を事前に予測しておくのだ。どこに疑問を感じるか、何に不満を抱くかなど、さまざまなシチュエーションを想定するのである。

たとえば、商談の際には、少しでもいい条件で話をまとめたいと思うものだ。そのため、先方は自分たちが有利になる要求を突きつけてくるかもしれない。

しかし、それも予測の内に入れておけば、譲歩できるラインをあらかじめ決めておけたり、代替案を作っておくことも可能になる。

仮説を立てることは、すなわち解決策を用意することにつながるわけだ。

ただし、この時はあくまでも相手の立場になって考える姿勢が大事である。いくら仮説を立てても、ひとりよがりの発想に陥っては話が噛み合わなくなってしまう。

交渉に駆け引きはつきもので、相手が何を言い出すかはその場になってみないとわからない。1つや2つの仮説では心許ないので、できるだけ**多くの場面を想定**したほうがいい。

そうすれば、向こうがどんなカードを切ってきたとしても臨機応変に対応できるはずだ。

23 筋の通った謝罪ができる人がおさえている原則〈論理〉

ミスをしたら誤るのは当然だ。ただ、謝り方はさじ加減が意外と難しい。たとえば、数人が関わるプロジェクトでリーダーを任されたとしよう。ところが、自分の出張中に仲間がミスをして上司はカンカンだ。さて、こういう場合はどうすべきか。

自分のミスではないとばかりに、仲間に責任を押しつけることはもってのほかだ。グループが犯したミスは、やはりリーダーに責任がある。

かといって、「責任はすべてリーダーである自分にあるので、言い訳はしません」と言うのも考えものだ。一見すると潔い態度だが、この件についてはも[illegible]とする気がないと相手を拒絶しているのに等しいからである。

また、申し訳ありませんを繰り返すだけでは、何に対して謝っているのか曖昧になり、相手の怒りは解けない。

ここは**まず謝罪の言葉を述べ、ミスが起きた原因や理由をつけ足しておく**と筋の通った謝罪に聞こえる。

「ご迷惑をおかけして申し訳ありません。私が不在だったため、最終チェックがおろそかになりました」といった具合だ。さらに対処法も加えられれば、なおいい。

この時、相手から尋ねられる前に先回りしてミスを招いた**「根拠」**を述べるのがポイントである。根拠を示すことでこちらの意図が伝わりやすくなり、話を聞いてやろうかという気分にさせるのだ。

論理的な説明に具体的な根拠は欠かせない。「次は頑張ります」より「〜を修正したので次は頑張ります」と言ったほうが説得力が増す。

ただし、謝罪抜きでいきなり根拠のみを告げると、同じフレーズも責任逃れの言い訳に聞こえてしまう。なにはさておき、心を込めた謝罪から始めるのが鉄則だ。

24 たったひと言加えるだけで、聞き手の理解を深めるコツ〈論理〉

会話をする際は、できるだけポイントを絞り込んだほうがいい。

ドイツで、こんな心理実験が行われたことがある。同じ製品について、セールスポイントを1個に絞ったCMと、10個もアピールしたCMとを被験者に見てもらったところ、1個のほうが好感度が高かったという。

本人は詳しく説明したつもりでも、**ポイントが多いほど内容はわかりにくくなる**のだ。

とはいえ、どうしても1つに絞り切れない場合もあるだろう。たとえば、その結論を導き出した理由が3つあるとか、プランを実行するためには2つの方法が考えられるといった具合だ。

複数のポイントを列挙する時には、**「理由は3つあります」**のように最初に数を伝えてから具体的な説明に入ろう。これは**「サインポスティング」**と呼ばれる手法だ。

このワンフレーズは文章中の見出しと同様の役割を果たし、**聞き手に心構えを促す**効果がある。

あらかじめ数を提示されれば、これから始まる話の全体像をざっくり把握できる。したがって、要点がつかみやすくなり、頭の中で整理や比較をしながら聞くことが可能になるわけだ。

ただし、その後の展開には気をつけたい。というのも、順を追って説明するうちに横道に逸れ、すべてを伝え切れなかったというミスが起こりがちだからである。これでは数を述べた意味がなくなってしまう。

ポイントが複数ある場合は、書面や図解にまとめて示すとこうしたミスを防ぐことができるうえ、聞き手の理解もいっそう深まるはずだ。

ちなみに、数だけでなく「今からこういう話をします」と前置きすれば、伝わり方がぐっと変わってくる。

25 「ピラミッド・ストラクチャー」を駆使して明快な論理をつくる〈論理〉

日本人は自分の主張を通すのが苦手な国民だといわれる。いざ自分の考えを述べようとするとうまく論理を展開できずに支離滅裂になってしまう人も多い。

こういう時、役立つのが世界中で使われている**「ピラミッド・ストラクチャー」**だ。

まず結論となるメインメッセージ（主張）を頂上に置き、その下に根拠となるようなキーメッセージを配置してピラミッド型に整理していくのだ。

たとえば、「新機能を搭載した新製品を開発したい」ということを会議で提案しようと考えているなら、これをメインメッセージとして一番上に置く。

そしてその下に、この提案の説得材料になる根拠を配置していく。この場合は「競合他社がほとんどいない」とか「自社の強みを活用できる」などだ。

■ピラミッド・ストラクチャーで根拠を明確にする

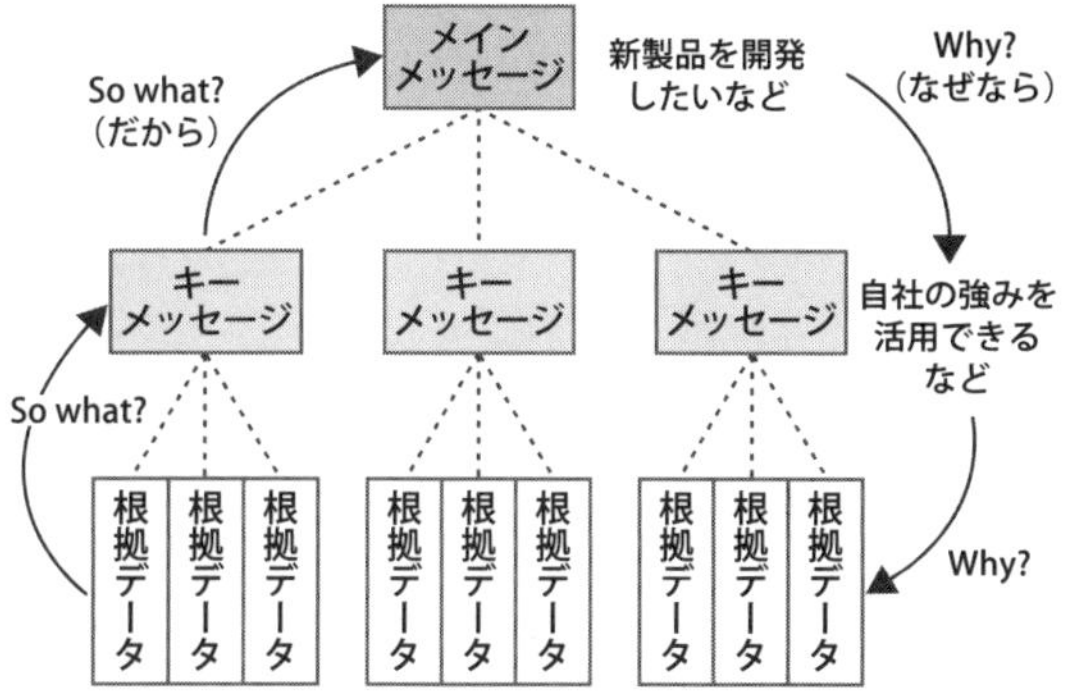

さらにその下に、競合他社がいないことを表す資料や、自社の強みを示すデータなどを配置してピラミッドを構築していくのである。

主張と根拠が矛盾していないかをチェックすることも重要だ。矛盾があればそれだけ説得力は弱まる。主張と根拠の間に違和感があるなら、改善して説得力を高めるようにするといいだろう。

ピラミッド・ストラクチャーによって主張を支える根拠を明確にしておけば、プレゼンテーションなどで質問や疑問をぶつけられても動揺することはなくなる。**論理的に筋道を立てて自分の意見を押し通す**ことができるはずだ。

26 ヘンな結論で失敗しないための「帰納」と「演繹」の手順〈論理〉

ある問題に対して傾向と対策を練ろうとした場合、ふつうは現状を把握したうえでそこから可能性を探るというやり方をとる。これは「推論」と呼ばれるもので、一般にその方法は2種類に大別される。

ひとつは**「帰納《きのう》法」**で、これは目の前にある事実と過去の事例から傾向を導き出し、それを結論づける方法だ。

たとえば、「玄米はダイエット効果があると新聞に載っていた」「ドラッグストアでも体質改善に玄米が有効というPOPを見かけた」「そういえば、母も玄米を食べ始めてから調子がいいと言っている」などの複数の事実から「玄米は体によさそうだ」という結論を導く。これが帰納法の一例である。

もうひとつは**「演繹《えんえき》法」**と呼ばれるもので、演繹とは一般的な原理から事実関係を推理することで、いわゆる**三段論法**もこれに含まれる。「すべての人間は死ぬ」↓「ソクラテスは人間である」↓「ゆえにソクラテスは死ぬ」となる。

三段論法の説明として有名なこの例題でわかるように、「AはBである。BはCである。だからAはCである」という理屈だ。

とはいえ帰納法も演繹法も、じつは誰もが自然に実践している。人間関係について考える時はもちろん、日常生活のあらゆるシーンでこうした**ロジックが無意識の中で働いている**はずだ。

ただ、演繹法に関しては、前提を間違うと正しい結論にたどり着けないことがある。

この落とし穴にはまってしまうと飛躍した論理に惑わされることになるので要注意だ。

27 見るからに賛成したくなる企画書8つのポイント〈論理〉

社内でも社外向けでも、何かを提案する時には企画書を作成するものだ。企画書は、自分の考えやプランを相手に伝える役割を持つ大事な文書だ。だからといって、ありったけの情報を詰め込もうとして思いつくままに書き連ねていくのはいただけない。

論理的に筋道を立てて構成された企画書こそが、人を動かす説得力を持つのだ。そんな企画書は、**8つのパート**に分けて考えるとすっきりまとめられる。

1 **導入**

2 **問題の提起**

3 **目的やターゲットの設定**

4　情報収集による**現状の分析**
5　**企画内容の説明**
6　企画を実行した際に**予想される効果**など
7　**スケジュール**
8　データなどの**参考資料**

これを踏まえて、言いたいことをそれぞれのパートに当てはめていけばいいだけである。

その際、余分な情報や重複した情報はどんどん削ぎ落とし、矛盾が見つかったら解決しておく。そうすれば理路整然とした文書ができあがるはずだ。

ここに示した8つのパートは、企画を提案する時に欠かせない要素である。つまり、**企画書を作成しながら、同時に自分の考えも論理的に整理できる**メリットがあるのだ。説明を求められたり質問された場合も、きちんと受け答えができるだろう。

なお、できるだけ難解な言葉は避け、簡潔な文章にまとめると内容がより理解しやすくなる。

28 「シグナリング理論」を使って、戦略的に相手に選ばせる〈論理〉

「シグナリング」という言葉をご存じだろうか。

これは２００１年にノーベル経済学賞を受賞したマイケル・スペンス博士が提唱した理論で、経済学用語のひとつである。

簡単に説明すると、「誤った情報によって間違った選択をしないよう（逆選択）、情報を持っている側が、情報を持たない相手に情報を提示する」といった内容になるが、この言葉に関しては具体例を出したほうがわかりやすいかもしれない。

たとえば、就職活動の面接を例にとってみよう。

集団面接では何人もの学生がいっしょに面接を受ける。だが、その学生たちに初めて会う面接官は、どの学生が優秀なのか、見た目だけではなかなか判断がつかない。

そこで、学生たちはこぞって自分の学歴や特技をアピールするのだが、じつは、この行為こそが典型的なシグナリングなのだ。

表面だけではわからない能力を、学歴というシグナルを発することで面接官に自分がいい人材であることを伝えているのである。

たまに「商品が気に入らなければ代金はお返しします」などという通販会社のＣＭがあるが、これもシグナリングの理論で説明がつく。

返金というシグナルが商品への自信を表し、顧客に「それほどいい商品に違いない」と思わせるのが狙いなのである。

これと同じように、あなたが顧客に商品を買わせたいと思ったら、「ぜひ一度使ってみてください。もし、お気に召さなければ私が自腹を切ってでも返品をお受けしますので」というような**思い切ったセールストークに打って出るといい**。

こうすれば「自腹を切る」というフレーズが**強いシグナル**となり、相手もその気になってくれるはずだ。

29 マジシャンズチョイスは、相手の判断を操るのに欠かせない〈心理〉

人は自分が選んだことには納得もするし、やる気も湧いてくる。ところが選択肢が1つだけだと、相手の意見を押しつけられた気分になってしまう。かといって、選択肢をいくつも提示すれば今度は迷いが生じ、なかなか判断が下せなくなる。

スピーディに答えを引き出したいなら、「Aか、Bか」という**二者択一**にするといい。数が少ないので選びやすいこともあるが、この尋ね方には始めからNOの選択肢がない。そのせいか、どちらかを選ばざるを得ないような気にさせるのだ。

さらに、ここでもうひと工夫すれば、**相手の選択権をコントロール**することもできる。工夫といっても簡単で、自分が選ばせたいほうを手で示すだけだ。説得に理路整然とした言葉は欠かせないが、「ノンバーバル・ランゲージ」といわれる言葉を使わない**身振りや手振りも強力な説得ツール**だ。こちらの気持ちを雄弁に伝えると同時に、相手の心も左右する働きを持っているのである。

手の動きは無意識に刻み込まれ、示したものを不思議と選んでしまう傾向が強い。これはプロの手品師がよく使う手で、**「マジシャンズチョイス」**とも呼ばれている。

この時、これがいいとアピールするセリフや、あからさまに勧める手つきは禁物だ。本音や意図が見え見えではマジシャンズチョイスにならない。あくまでも普通に説明しているなかに、さりげない動作を滑り込ませるのだ。そっと手を添えるだけでも効果はある。

じつは、自分が望むほうへ巧みに誘導しているわけだが、表面上は選択権を委ねている。そのため、相手は選ばされたことに気づかず、**自分の意思で選んだと思い込む**ところがこのテクニックのミソである。

もちろん、必ず思い通りに選ぶとは限らないものの〝確率〟は高まるだろう。

30 あえて沈黙を利用して、さりげなく優位に立つ方法〈心理〉

論理的に考えたことをわかりやすいメッセージとして伝えてくれるのは、マトをついた的確な言葉だ。しかし、話の流れを自分のほうへ引き寄せ、優位に進めたいといった場合には、あえてその**言葉を封印する**手もある。会話の最中に黙り込んでしまうのだ。

誰でも経験があると思うが、ふいに沈黙されると非常に気まずい。「何か不用意な発言をしただろうか」「気に障る振るまいがあったのか」と不安になり、気分が落ち着かなくなる。

このように、**沈黙は相手の心に揺さぶりをかける**効果があるのだ。

すると無言のプレッシャーを感じた相手は、こちらの顔色を窺わざるを得なくなる。つまり、心理的に優位な立場に立ってことを進められるわけだ。

その結果、何も言い出さないにもかかわらず、勝手に **〝忖度〟** して有利な条件を提示してくるケースもありうる。

また、沈黙は部下を育てる際にも役立つ。

提出した企画書が今ひとつという時などは、わかりやすく筋道を立てながら修正点を指摘することがあるはずだ。完璧に仕上げるには手っ取り早い方法だが、これだと部下は指示通りに動くだけだ。

ここで沈黙すると、部下は「上司がどこに納得していないのか」とか「この点を修正すべきかもしれない」と自ら考えるようになるのである。

しかも、**沈黙には強烈なインパクトがある**ので、最も主張したい部分の前で一拍の間をおくといい。発言している途中で急に口をつぐめば、聞き手は「なんで黙ったのだろう」と注目する。自分に注意を引きつけてからなら、大事な話も集中して聞いてもらえるだろう。

ただし、交渉慣れしていて何事にも動じない人や、沈黙自体を失礼な態度だと思っている人には効果がない。

31 期待通りの答えを引き出す「アンカリング」の㊙ワザ〈心理〉

スーパーマーケットなどの安売りセールに行くと、定価を二重線で消して値引き後の価格が表示してあったり、「〇〇パーセント引き」のシールが貼られていたりする。定価1万円の商品が半額の5000円になっていたら、思わず飛びつくだろう。

値札にあえて定価を残しておくのは、**「アンカリング」**の効果を狙っているためだ。アンカーとは船の錨のことである。

アンカーを下ろした船は**一定の範囲しか動けない**が、人の心でも同じような現象が起きる。この場合は最初に提示された定価がアンカーとなり、セール品がよりお得に感じられるのである。

交渉をする時でも先に数字を打ち出せば、相手はその基準に縛られる。したがって、こちらのもくろみとそう大きくブレずに話を進められるはずだ。

また、**アンカリングは動作に潜ませることも可能**である。たとえば、前フリの段階で楽しい内容を話す時には右手を動かし、重苦しい話をする時には左手を動かす。すると、聞き手に右手はポジティヴな情報、左手はネガティヴな情報というアンカーが下ろされる。

そうして本題に入ったら右手だけを動かすようにすると、相手は肯定的な気分になって話を聞くようになるのだ。

感情の中でも肯定・否定、喜び・悲しみのように対立するものは、より強くアンカリングしやすい。

特に論理的な説明にアンカリングをプラスすれば、あなたの望む結果へとつながる可能性が広がるだろう。

ちなみに、人はYESという時には頭を縦に振り、NOは横に振る。首を縦に振れる会話を積み重ねていったり、上から下へと目線を動かすように図表を示して説明したりすると、やはり好意的な感情がアンカリングできる。

32 続きが聞きたい心理は、「ツァイガルニク効果」で逆手に取る〈心理〉

連続ドラマを観ていて終盤にさしかかると、「えっ、ここで終わるの？　このあとどうなるの？」と続きが気になるものだ。

コミック雑誌の連載にしても、最後のコマの下に「次号へつづく」という文字が現れれば、「来週まで待てない！」とやきもきする。

このように、未完のものに対してその先を知りたくなる心の動きは、心理学で**「ツァイガルニク効果」**と呼ばれるものだ。

この効果は日常のいたるところで現れる。

たとえば、楽しい飲み会なのに途中で抜けなくてはならなかったりすると、その場がいつも以上に名残惜しくなるだけでなく、できるだけ近いうちに「みんなと一緒にこの続きを楽しみたい」という思いが募るようになる。

また、男女関係にこの心理を利用すれば、あえて不完全な形でデートを終わらせ、相手に「次も会いたい」と思わせることなど簡単なのだ。

これはもちろんビジネスにも応用できる。

たとえば、先方にとって気になる他社のウワサ話があったとしよう。商談の最後にさりげなくその話題を持ち出し、途中まで話したところで「余談が長くなってすみません。この続きはまた次回ということで…」などと言ってわざと切り上げてしまうのだ。

こんなふうに**盛り上がったところで話が途切れる**と、相手はおあずけを食らったような気持ちになる。そうなれば、あなた自身に対してもこれまで以上に興味を持ってくれるだろうし、次のアポイントもとりやすくなるはずだ。

「パズルを解き始めた時よりも、あと1文字で完成するという時に邪魔が入るほうが、はるかにイライラする」とは、この心理効果を提唱したツァイガルニクの言葉だが、**あと1文字の主導権**をこちらが握れば、ビジネスのチャンスも広がるかもしれない。

33 反論をシャットアウトしたいなら「同調テクニック」を使いこなせ〈心理〉

仲間と何かを始める時は、とかく意見が対立するものだ。それでも最終的にはある程度の一致をみないと先には進めない。それがビジネスならなおのことである。

できれば相手の反論はシャットアウトしつつ、自分の意見を通したい。こんな時は**「同調」**の心理効果をうまく使いこなしてみたい。

同調とは文字通り、他人の意見や調子に合わせることだ。もともと日本人は協調性があるだけに、少数派に多数派の意見を押しつけ、無理矢理合わせようとする**「同調圧力」**が強いきらいがある。

同調圧力といえば聞こえは悪いが、多勢に無勢ともいうように、相手が多数派だと、これはなかなか太刀打ちできないのではないかと錯覚して、異なる意見はなんとなく引っ込めてしまうのも事実だ。その心理を巧みに利用するのである。

最も効果的なのが、話し合いの場に自分と同じ意見の人が多数いるシチュエーションだ。

事前に打ち合わせるなり根回しするなりして味方をつくっておき、決を採る時に賛同してもらえば、これほどわかりやすいものはない。

だが、仮にそれができなくても「この意見はウチのグループの総意です」とか、「昨日、部署のリーダー全員に改めて確認を取った結果、この提案で一致しました」というように、**背後に賛同者がたくさんいることを口頭で示す**だけでも効果はある。

営業トークでも「私としては」ではなく、つい「我が社としては」と切り出してしまうのも、この同調を無意識のうちにアピールしているからだ。

「多くの人がそう言っているなら、正しいのかもしれない」。そんなふうに思わせられればしめたものだ。

34 「盛る」ことで相手をその気にさせる人、信用をなくす人〈心理〉

「盛る」という言葉がある。これは、「誇張する」という意味合いで使われる若者言葉だが、ＳＮＳでのリア充アピールがいささか過剰な「ＳＮＳ盛り」「盛りガール」などという言葉も生まれている。

主に自分の良さを過剰にアピールするのが「盛る」という行為だ。理屈からいえば、彼らの話はウソではないまでも大げさで、けっしてほめられた行為ではない。しかし、本人たちはいたって悪びれることはなく、「ウソをついている」といううしろめたさとは無縁に見える。

なぜなら、人はつくり話でも何度も繰り返すうちにいつしか本当の記憶だと思い込んでしまうという性質があるのだ。つまり、盛っている本人たちは、誇張したエピソードを何度も話すうちに、真実だと誤認しているという可能性もある。

これを意図的に行うのが**印象操作**というもので、イメージが生命線となるタレントや政治家、企業のブランディング戦略には欠かせないスキルだろう。

たとえば、タレントがたった一度、仕事がらみでボランティアに参加したとする。そのエピソードを「以前からボランティアに興味があってチャンスを待っていた」「ボランティアの話をいただいて、一も二もなく参加を決めた」などと語るのは「盛り」による印象操作の可能性もある。

この話を聞く人たちは、シンプルに感心するだろうし、称賛することもあるだろう。本人も繰り返し語るうちにいつしかそれが真実だという認識を持つようになる。そして、本当にボランティア活動に打ち込むようになる結果につながることもある。

戦略的に行われる印象操作であっても、それが罪のない誇張だったり、誰かを傷つけることがなければ特段問題にすることはないだろう。**思い込みの力は絶大**で、理想の自分を語るうちにその姿に近づけるという側面もあるのだ。

35 「選択話法」で有無を言わせずイエスと言わせる〈心理〉

デキる人の特徴のひとつに「必要以上に仕事を抱え込まない」というのがある。

自分のキャパシティを超えそうだなと思ったら、うまく周囲に役割を振って何とかやりくりするのもひとつだろう。

ただ、それを真似ようと思った時に必要になってくるのが、**「上手に頼み事をするスキル」**である。たとえば、「悪いんだけど、新規の仕事を1件頼まれてくれないかな」などがそのいい例だろう。

たいていの場合は遠慮気味にこんな言い方をするかもしれないが、じつは、これは典型的なNG例だ。

「いや、自分も手いっぱいなんで他の人にお願いします」とあっさり断られる姿が目に見えるようである。

では、どうすればいいか。断る余地を最初から与えなければいいのだ。

「AかB、どっちか新規の仕事を担当してもらいたいんだけど、どっちならイケそう?」

こんな聞き方なら、相手は「じゃあ、Aをやります」というようにすんなり引き受けてくれるはずである。

これは**「選択話法」**というテクニックだ。

イエスかノーで迫るのではなく、最初から**イエスを前提**にして、そのうえでAかBかを選択させる。相手は「AかBのどちらにするか」という思考になるため、前提そのものに対しての疑問は持ちにくくなるのだ。

このやり方をすれば、少々都合が悪い頼み事も、分が悪いセールスもこちらの意のままに運ぶことができる。

「人あたりはいいのに押しが強い」などと周囲から評価されているような人は、案外この手を使っているケースが多い。

Step 3

論理と心理の黄金律《ゴールデンルール》なら、説得力が300%アップする

「説得力のある人」は、聞いているほうも思わず納得してしまう話し方をするが、「説得力がない」という人は、この章で検証する「論理」と「心理」の法則をチェックしてほしい。誰でも簡単に実践できるノウハウばかりだ。

36 小耳にはさんだ話でも納得させる「スリーパー効果」の使い方

世の中には噂話やデマ、フェイクニュースなど信ぴょう性のない話も多い。だが、発信元がどこかも明らかでないこうした偽の情報を鵜呑みにして信じ込んでしまう人も少なくない。

なぜ、人は信ぴょう性のない話を信じてしまうのか。これには**「スリーパー効果」**が関係している場合がある。

スリーパー効果とは、信頼性の低い情報でも時間が経過していくと信用できる内容だと思えてくる現象のことである。

噂話を耳にした時などもそうだが、最初は「情報源があやふやで信用できない」と感じても、時間が経つとともに情報源が不確かなことは忘れてしまい、反対に内容だけが頭に残っていくのだ。

ビジネスでもこのスリーパー効果を利用すると、相手への説得効果を高めることができる。

たとえば「あくまでも噂話のレベルなんですが、A社が新技術の開発に成功したという話があって、この市場は来年から大幅に伸びるのではといわれています」などと、プッシュしてみてもいい。

社内で根回しをする時なども「ちょっと小耳にはさんだ話だけど、このプロジェクトは社長もノリ気で推進しているらしいよ」などの情報を流しておくという手もある。

どちらのケースも**時間が経つとジワジワと説得効果が表れてくる**はずだ。もちろんウソの情報を流すことはできないから、できるだけ信ぴょう性の高い情報を相手に提供することである。

また、このほかの情報はすべてしっかりとした根拠のあるデータや資料を用意して論理的に説得にかかるようにすることだ。ほかの情報に根拠があれば、それにつられて小耳にはさんだ情報の説得力も高まるはずだ。

37 明示的？　暗示的？相手によって使い分けたい2つの説得法

　ある商品を売ろうとして、2人の客に同じ説明をした。ところが、1人は満足して購入したのに、もう1人は不機嫌になって帰ってしまった。

　こう聞くと接客態度に差があったのだろうと思うかもしれないが、じつは説得のしかたが問題だったというケースも多い。説得のしかたは相手の性格によって変えなければいけないのだ。

　対照的な説得法のひとつに、**「明示的説得」**と**「暗示的説得」**がある。

　理由や根拠を示したあと、はっきりと結論を述べる説得法を明示的説得と呼ぶ。商品の性能や価格、メリットなどを説明し、「だからこれがお勧めです」と断言するやり方だ。

この方法は他人の意見に同調しやすいタイプの人に向いている。彼らは強く主張されると、その方向へなびいていきがちだからだ。

しかし、日頃から論理的にものを考えたり判断したりするタイプは、逆に明示的説得を嫌う場合がある。

こんなふうに自分なりのこだわりを持っている人を無理に説得しようとしてはいけない。どんなに論理的な言葉を重ねようとも、そんな態度を押しつけがましい、強引だと感じて、かえって反発するからだ。

この手のタイプには、こちらからは結論を口にしない暗示的説得を使ったほうが得策だ。

ひと通りの説明をしたあとは、「いかがでしょう」とお伺いを立てるに留めておいて、そこから先は相手にゲタを預けてしまうのである。

彼らは自分で考え判断を下すというプロセスを経てこそ納得できるし、満足感を得るのだ。

人には心を動かしやすい**ウィークポイント**と、動かしにくい**ストロングポイント**がある。そこを見極めて攻略すれば思い通りに説き伏せられるだろう。

38 説得力のカギを握る「第三者の証言」の見つけ方

企業がどんなに広告を出してもあまり売れなかった商品が、人気タレントやスポーツ選手が「この商品がいい！」とひと言つぶやいただけで爆発的に売れるようになることがある。

このように消費者に大きな影響力を持つ人物のことを**インフルエンサー**というが、人は何かを判断する時に当事者の言葉よりも第三者の証言や意見を参考にして信じる傾向がある。

たとえば、化粧品やサプリメントの広告などに「ご愛用者さまの声」がよく掲載されているのもそのためである。

宣伝文句を長々と載せるよりも、第三者の〝証言〟として「この商品を使ったことでこんなに素晴らしい効果が出た！」と愛用者のレビューを載せたほうが説得力はグンと増すわけだ。

だから、自社商品を売り込む時には、ただセールスポイントを並べ立てればいいというわけではない。「自社製品を褒めるのは当たり前だろう」「売りたいからといって大げさに言っているかも」と、こちらのいいたいことを信用してくれないこともある。

一方で、「一般のモニターへのアンケートでは、ダントツで他社製品よりも評価が高かった」など第三者の証言や証拠を加えると、「第三者がそう評価しているなら」と肯定的に話を聞いてくれることになる。

ちなみに、上司に自分を売り込む時も同じ論理が働く。つまり「私はこんなに仕事ができます」と自分でアピールするよりも、周りの人たちから「彼はとても有能な人材です」と、上司の耳に入れてもらったほうが上司からの評価は高くなる。

必死に手前味噌を並べるよりも、**第三者の高い評価を巧みに利用したほうが相手は説得されやすい**というわけだ。

39 目上の人を説得するのに、ヘタなテクニックはいらない

上司など、目上の人を説得するというのは難しい。そもそも、自分の意見や考えがうまく伝わるだろうかという心配があり、さらには上司の反論にきちんと対応するだけの力量が自分にあるのかという不安もある。

心理学における説得法には、まず相手に気軽に了解してもらえるお願いをして承諾を得て、その後に困難な依頼をして断りづらくさせる「ローボール・テクニック」などさまざまあるが、ちょっと強引で図々しい感が否めない。

立場に差がある相手だと、何となく小手先だけのテクニックも使いづらいだろう。やはりこのような場合は、しっかりと準備を整えて**正攻法**で攻めるしかない。

それにはまず、**自分が何を望んでいるのかを整理する**ことだ。狙いが定まっていないと、交渉の末に話が決着したとしても「何かが違う…」というモヤモヤ感が残ってしまう。

また、自分の要求が正当であることを裏づける情報やデータもできる限り集めておいたほうがいい。そうすれば、どこからでもかかってこいとドンと構えていられる。

そうしてから、相手の立場も考えたうえでの話し合いをすることだ。

社会人であれば、誰しもさまざまな人間関係やしがらみの中で生きている。立場上、どれだけお願いされても協力できないこともあるだろう。そのあたりの事情も理解しつつ、より現実的な交渉をすることが大切だ。

相手を感情的に納得させてこそ、はじめてその交渉や説得は成功したといえる。無理矢理に相手を納得させて、腑に落ちない状態のまま説き伏せたとしても、またそのうちに軋轢が生じてきたりする。

焦らず、無理をせずに攻めていくことで、自分にとっても相手にとっても納得できる落としどころを見つけることができるだろう。

40 結論をいうタイミングしだいで、すべてが台無しになる

他人に自分の意見を述べて納得してもらうことを「説得」というが、これがなかなか思ったように運ばないことは誰も経験しているはずだ。

説得法には、さまざまなデータや理論で前置きして周りを固めてから最後に結論を言う**「クライマックス法」**と、先に結論を述べてからその理由を説明する**「アンチクライマックス法」**があるが、これも相手によって使い分けなくては結局説得できずに終わってしまうことになる。

たとえばクライマックス法は、まだ**心理的な距離が近くない相手**を説得するのに効果がある。しっかりとした理論やデータで安心感を与え、さらには軽く冗談を交えたりすることで相手をリラックスさせることもできる。

しかし、その相手がせっかちな性格だったとしたら、長々とした前置きに聞き飽きて話の腰を折られる可能性がある。

もしくは、先に結論を言えと迫られて、周到に準備したプレゼンが台無しになってしまうこともある。

そんな失敗を避けるために、たとえ初対面の相手であってもせっかちなタイプには**結論を先に提示**するアンチクライマックス法が適している。

しかし、自分の判断力に自信を持っている人を相手にするなら、結論そのものに興味を持ってもらえなかった場合、即アウトである。説得する前に、「この話はなかったことに」などということにもなりかねない。

そうならないためには、あらかじめ**結論を2つ用意しておく**といい。最初にAとB、2つのおすすめがあると言って選択権を先方に与えておけば、真剣に聞こうという気になる。「決めるのはそちらです」と、ボールを投げておくのだ。

無理やり押しつけられると思うと人は話を聞きたくなくなる。どこまで心を開いて話を聞いてもらえるかが説得の成功のカギなのである。

41 立場が不利な時は「質問力」で形勢逆転を狙え

ものすごく弁が立つわけでもないのに、なぜか相手が考えていることをスイスイと引き出せる人がいる。

こういう人は何が上手なのか。そのヒントは**「質問力」**にある。

相手に返答を迫る時、だいたいの人はイエスかノーかを突きつける。だが、これは自分によほど勝算がある時にしか有効ではない。

向こうにその気がなければ、いくらこちらから「どうですか？」「ダメですか？」「どうしても、ですか？」と追い込んだところで、「ダメなものはダメ」と突っぱねられて終わりだ。

こちらに勝算はないが、どうにかして相手を攻略したい——。そんな時はイエスかノーの2択で攻めるのではなく、質問をたたみかけて口を割らせるのが正解である。

コツは**できるだけ具体的にする**ことだ。

「ウチの製品、どうですか？」などという抽象的な質問には、「まあ、いいんじゃない？」のような抽象的な答えしか返ってこない。

それよりも、

「どこか他社の製品と比較されたりはしましたか？　それはどちらですか？」

「ダメな理由はコストですか？　それとも製品そのものに問題がありますか？」

「どこをいつまでに改善すれば検討していただけますか？」

というように、できるだけマトを絞って聞くのだ。

具体的な質問には、相手も自然と具体的に答えようとする。ここで抽象的な答え方をしてお茶を濁すと、逆に自分の考えがまとまっていない印象になり、立場が不利になることを相手もわかっているからだ。

その心理につけ込めば、話すつもりがなかった本音も見せ始める。一度本音がこぼれれば、あとは質問の**波状攻撃**で優位に立てるはずだ。

42 「まぼろしの選択肢」を使って、本命を際立たせる

レストランへ行って、1500円・2000円・3000円という3つのコースがあったらどれを選ぶだろうか。

懐具合やその日の気分によっても変わってくるが、一般的には2000円を選ぶケースが多いという。

そして、店側にとっても最も**コストパフォーマンス**がよく、お勧めしたいものは真ん中であることが多い。

これは**「コントラスト効果」**を巧みに利用した誘導テクニックである。

選択肢があれば、お客は比較ができる。値段としては1500円がいちばん安いものの、多少は見栄も手伝って高からず安からずの真ん中を選んでおけば

無難だろうという気持ちが働くのだ。

この傾向を逆手に取って、あえてお勧めより上のランクを提供する場合もある。選択肢が2つだと安いほうにお得感を感じるものだが、それよりもうひとつ上があれば真ん中がお得に感じられるからだ。

こんなふうにコントラストを引き立たせるために使う選択肢を**「ファントムオプション」**という。いわば、期待をかけていない見せかけの選択肢だ。

ところで、企画を通したい時などにもこのテクニックは利用できる。

イチオシの企画のほかに、通る可能性が低そうなファントムオプションをいくつか用意して、その中から選んでもらうのだ。比較するものがあると、イチオシがより理にかなった企画に見えるからだ。

もしも「このプランはいいんだが……」と迷う素振りをみせたら、あえて違うプランを勧めてみるといい。すると、もともといいと思っていたプランの魅力を再確認してそちらを選ぶ傾向が強まることがある。

ただし、ファントムオプションを選ばれては元も子もないので、**本命は十分に練り上げて提示**しよう。

43 「もっともな意見」ばかりで、かえって反発されるケース

理論攻めにして相手を説得しようと頭でっかちになっている人が陥りがちなのが、**「もっともな主張」**ばかりを並べ立ててしまうことである。

もっともな主張というのは、いうなれば誰もが納得する無難な意見だ。裏を返せば「そんなことは言われなくてもわかっている」という内容なのだ。

いくら根拠を挙げて論理的に話しても、相手は「そんなわかりきったことを並べ立てるよりも、もっと現状を打開するような画期的なアイデアを出してほしい」と腹立たしく思うこともある。

たとえば、売上げアップのために新しいエリアに新店舗を出そうという会議があったとする。こういう人は「すでにA社がそのエリアに進出していますす

が、売上げは低迷しています。ゆえに、ここには進出しないほうがいいでしょう」などと、〝根拠〟をもとにしながらもっともな意見を言う。

しかし、これでは本来の目的である売上げアップのためには何の解決にもならない。こうした主張は反論されることも少ないが、会社の進展に大きく関与することもあまりない。

こんなもっともな主張ばかりを繰り返していると「また無難なことを言っている」と思われて、周囲の反応も冷ややかになってしまうだろう。

こういう状態を打破するには、時には自由な発想で発言してみることだ。たとえば、**「ブレーンストーミング」**でアイデア出しをする際の４つのルールを参考にするのもいい。

①勝手に判断や結論を下さない　②斬新なアイデアでも大歓迎　③思いついたままに発言してみる　④誰かのアイデアに便乗してみる――の４つだ。

たまに自由奔放な考えを出してみることでもっともな主張を述べるよりもインパクトを与えることができるし、議論が盛り上がるきっかけにもなる。意表を突くアイデアを持っている人として重宝されることにもなるだろう。

44 「断って申し訳ない」という気持ちにつけ込む禁断の説得法

日本人はよく貸し借りに弱いといわれる。借りができると「この借りを早く返さなければ」というプレッシャーが生じてしまい、返すまでは相手より立場が下に感じてしまうことがある。

こんな心理をうまく利用して相手に要求を飲ませるテクニックが**「ドア・イン・ザ・フェイス」**である。

これは最初に絶対に断わられるような大きな要求を突きつけるという交渉術だ。当然、相手はその大きな要求を断ってくるが、次に少しだけグレードを下げて要求をするのがコツだ。それでもまた断られるのだが、これを繰り返して最終的に本当の目的だった要求を提示する。

そうすると、何度も断り続けているので「これ以上、断っては申し訳ない」という後ろめたい気持ちが相手に湧いてくる。最終的に示されたより小さな要求に対して「これくらいならいいか」と応じてしまうことになるのだ。

たとえば、イベントのために10万円の協賛金を得たいとする。だが最初はハードルを上げて「１０００万円の協賛をお願いします」と無謀な額を突きつけてみるのだ。

当然のように「１０００万円なんて無理だよ」と断ってくる。そこで「では、１００万円でも助かります」と食い下がる。「いやいや、それだって無理」と断られるだろうが、それを繰り返したのちに「一番低額な協賛の枠なんですが…」と、本来の目的だった10万円の協賛をお願いするのである。

交渉を成功させる秘訣は、**最終的な要求を必ず「ＹＥＳ」と応じられるレベルに設定**することだ。

また、最初に提示する要求もあまりに無謀すぎると「バカにしている！」と取り合ってくれないこともある。現実的かつ相手が受け入れがたい要求を設定するのがコツである。

45 「どちらか選ぶしかない」という気持ちにつけ込む禁断の説得法

私たちは、自分の意志で能動的に動いているようにみえて、じつは相手の思うように行動させせられていることが多い、といったら驚くだろうか。

たとえば、ふらっと入ったアパレルショップで店員から「紺色のジャケットも悪くはないのですが、こちらのグレーのほうが落ち着いて見えてお似合いですね」と囁かれたとしたらどうだろう。最初は買う気はなかったのにちょっとだけ「買いたい」方向へ気持ちが動かないだろうか。

これは、店員が買うことを前提にしかけた**「誤前提暗示」**である。「買わない」という選択肢もあるのに、限られた選択肢を与えられると人はそれ以外のことを判断できなくなる。相手の〝暗示〟にまんまとはまってしまうのだ。

これを応用すると、意中の相手をデートに簡単に誘うことができる。

正攻法だと「今度の日曜日、空いてる？　海を見に行かない？」となるが、これではあまりにもストレートすぎる。まだあまり親しくない間柄だとすると、誘われたほうはためらいもあってすぐさま「行きたい」とならない。同じように「日曜日、空いてる？」とか「どこに行きたい？」というのもNGだ。

そこで、誤前提暗示の出番である。冒頭の事例のように相手に**「断る」という「選択肢」を与えなければいい**のである。

「海と山だったらどっちがいい？」「土曜日と日曜日だったらどっちのほうがいい？」と聞くだけで「行くのが前提」という構図を2人の間につくれる。

よくあるのが、「何を食べたい？」だが、これにしても「寿司と焼き肉、どっちがいい？」と聞くだけであっさり解決する。

つまり、**「二者択一式の質問」**をすることで「行く」「行かない」という判断をする間もなく、相手はどちらを選ぶべきかに集中することになる。しかも、強制されていることを自覚しないので成功の確率はグンと上がるだろう。

ただし、これは天邪鬼なタイプには効きが弱いのでご注意を。

46 あえてマイナス情報を盛り込んだほうが信頼される理由

商品や企画を売り込む際は、ついメリットばかりを強調しがちだが、プラスの面だけをアピールする方法を**「片面提示」**と呼ぶ。

互いに意見が一致していたり、相手に知識や経験が乏しい場合、片面提示は有効だ。その一方で、あとになってデメリットが判明すると、不満が増大する危険もはらんでいる。

しかし、これを**「両面提示」**にすれば、そんなリスクを回避できる。はじめからプラス面とマイナス面の両方を伝えるのである。

心地よい情報ばかりでは、何か裏があるのではないかという疑いを招き

不利な情報まで開示する姿勢は誠実で正直だと評価され、かえ

って信頼を得られるのだ。

また、これには予防接種のような作用があり、あらかじめ与えられたマイナス情報は免疫として働く。したがって、ライバルがそのマイナス点をついて取り入ろうとしても、さほど大きなネックとは感じられなくなる。ようするに、**先手を打つことによってダメージを最小限に抑える**ことができるわけだ。

もっとも、相手を納得させるためには、筋道の立った話をしなければならない。

たとえば、「性能は2倍にアップしましたが、価格は1割増しになりました」と「価格は1割増しですが、性能は2倍にアップしています」では聞こえ方が違ってくる。同じ内容でも、前者のほうがマイナス面がクローズアップされて聞こえるだろう。

順番は**マイナス情報が前、プラスの情報が後ろ**が鉄則だ。人はあとに伝えられた情報に影響を受けやすいからである。

プラス情報をメインに打ち出しつつ、さりげなくマイナス情報を挟み込み、全体としてはプラスの印象を抱かせるような形にしたい。

47 意見をまとめ上げるための「意思決定マトリクス」のつくり方

ビジネスパーソンだけでなく、家庭内や友人関係でも「誰かを説得する」という局面は意外と多いものだ。

身近なところで、たとえば、夏休みに友人と一緒に遊びに行くところについて意見が分かれたとする。

このような場合は誰しも自分の意見を通したいはずだ。だが、あちらを立てればこちらが立たずで、調整は難しいものになるだろう。そこで役に立つのが、**「意思決定マトリクス」**だ。

現状では、たとえばプールなら「暑いから冷たいプールで涼みたい」、遊園地なら「好きなキャラクターに会いたい」、映画なら「話題の作品が公開され

■意思決定マトリクスで最適解を出す

	アクセス	費　用	盛り上がり度	合　計
プール	3	5	5	**13**
遊園地	3	3	5	11
映　画	5	4	3	12

⬅最適解となる

た」など、理由が異なっているはずだ。

そこで紙の上に表を描き、縦軸にはそれぞれの選択肢、横軸には「評価ポイント」を書き出していく。たとえば、「アクセスの良さ」「費用」「盛り上がり度」など、思いつくままに挙げてみよう。

そしてそれぞれのマスに、5点満点で点数を書き込んでいく。項目ごとの点数を合計して、最も高いものが**最適解**だということになるのだ。

さらに、評価ポイントを恣意的《しいてき》に操作すれば、自分に有利な結果を導くことも可能だ。

露骨すぎれば見破られてしまうが、**少々のさじ加減で上手に説得できる**このやり方は、汎用性が高いのでぜひ覚えておきたい。

Step 4
言葉で心を揺さぶれば、思い通りに相手は動く

相手の心理状態を見抜くうえでカギになるのがしぐさや態度、表情などだが、言葉もまた重要なファクターだ。言葉の使い方ひとつで相手の本音を探ることもできるし、信頼を得たり、共感を呼び込むこともできる。

48 「共感フレーズ」のシャワーは、相手の信頼を勝ち取る第一歩

理にかなった物言いはビジネスパーソンにとって大切な要素だが、いつ、いかなる場面でもそれが最適とは限らない。

たとえば、ミスをして上司に叱られて落ち込んでいる時に、「今回は○○が問題だった。そこに注意すればミスを防げる」と言われたらどんな気持ちになるだろう。

それが正しいアドバイスであることは頭でわかっていても不愉快に感じるだろうし、「嫌なヤツ」というレッテルを貼ってしまうかもしれない。こんな時にほしいのは理屈ではなく、慰めや励ましの言葉だ。

人と人とのコミュニケーションを心理学では**「ストローク」**といい、条件つ

きと無条件の2種類がある。このうち、落ち込んだり弱ったりしている人には**「無条件のストローク」**が効く。

よけいなことは言わず、「あなたの気持ちはよくわかる」「私はあなたの味方だよ」といった、その人を全面的に受け入れる内容の言葉をかけるのである。

他人の言動は自己評価を左右する。褒められれば自己評価はアップするし、叱られればダウンする。特に落ち込みやすいタイプは些細なことでも自分を否定する傾向が強い。

無条件のストロークは共感の表れである。そのため、**相手は自分が肯定されたと感じて安心する**のだ。

すると、自分を丸ごと受け入れてくれる人は心強い存在に思え、相手に信頼や好意を抱くようになる。そして、それまでより一歩踏み込んだ親しい関係が築けるはずだ。

落ち込んでいる人だけでなく、人間は誰しも他人から認められたい、褒められたいという**承認欲求**を持っている。共感を示せば相手は嬉しくなり、心を開くようになるだろう。

49 相手を味方につける「あいづち」はどこが違うか

会話はよくキャッチボールにたとえられるが、自分ばかり一方的にしゃべらずに相手の話にも耳を傾けることが大事である。

いくら論理的に話を進めていても、聞き下手ではまずい。たとえば、相手の言ったことを何でも否定したり、話の腰を折ったり、途中で話を引ったくって話題を変えるといった態度はご法度だ。

良好なコミュニケーションを成り立たせるキーワードは、**同意**である。

誰かと一緒にいたい心理を**「親和欲求」**と呼ぶが、自分の意見に賛同してくれるという行為が親和欲求を満たすのだ。

すると、その相手に対して好意や信頼感を覚えるようになる。「そうだね」

「そう思う」と言葉で伝えたり、うなずくだけでもいい。

ここに**共通点が加わるとさらに効果がアップ**する。出身地でも趣味でも何でもかまわないのだが、自分と似た部分があるというだけで人は共感を覚えて親しみが増すのだ。

こうして信頼を勝ち得ることができれば、相手もついYESと言いたくなってしまうのである。

もっとも、どうしても同意できない場面もある。会議などで意見が対立したら、反論せずにはいられないだろう。

こんな時も、まずは同意を示すのが賢い反論のしかただ。「おっしゃる通り」とか「そういう見方もあります」といったん同意してから、「しかし〜」と反論に入るのである。

いきなり反対されると感情が逆なでされ、自分が全否定された気分になるが、初めに同意をされたことで一応は認められたと感じるため、そのあとに続く話も聞こうという姿勢に変わるのだ。

どんな会話も相手を**肯定するところから始めたほうがうまくいく**のである。

50 誰でも一瞬で心を開きたくなる「ほめ言葉」のツボ①

昔から「子供はほめて育てよ」というが、大人だって誰かからほめられればうれしいにきまっている。

心理学には**「ピグマリオン効果」**という法則があり、「あなたは優秀だよ」「やればできるよ」と言われ続けると、その期待に応えようと努力するようになり、実際に結果が出るともいわれている。

ところで、大人をほめる時はちょっとしたコツがある。それは、相手のほめてほしいポイントを探すことだ。

子供相手なら「やればできるよ」だけで十分ほめ言葉になるが、大人にこの手は通用しない。むしろ、当たり前の能力をほめられることを嫌味に感じる人もいる。

大人がほめられてうれしいのは、本人に**人一倍のこだわりがある部分**だ。たとえば、

・時間の正確さが自慢の人に↓「○○さんは絶対に人を待たせないですよね。尊敬します」

・身だしなみに気を遣っている人に↓「僕はセンスがないから、○○さんみたいにオシャレな人がうらやましいです」

・舌に自信があるグルメな人に↓「デートに使える店を紹介してくれませんか？　○○さんのおススメならきっと間違いないと思うんで」

このようなほめ方は相手の自尊心をくすぐると同時に、「この人は自分を理解してくれる人だ」という**意識が働き、通常より早く心を開く**ようになるのだ。

もちろん、これを実践するためには注意深く観察する必要がある。相手のツボさえ発見できれば、けっして社交辞令でもお世辞でもない最上のほめ言葉になり、好感度もぐっと高まるはずだ。

51 誰でも一瞬で心を開きたくなる「ほめ言葉」のツボ②

人からほめられれば、たいていの人は悪い気がしないはずだ。しかし、「すごいですね」とか「頼りになるなあ」などと持ち上げて有頂天になってくれているうちはいいが、何の根拠もなくほめ続けて「何か下心があるのでは？」とかえって勘繰られるというのもよくある話だ。

相手を一瞬で取り込みたいなら、まず具体的な理由を言ってから論理的にほめるのが基本だが、それだけではどうも相手に届いていないと感じるようなら、**意識的に「けなす」↓「ほめる」**パターンを実践してみるといい。たとえば、

・怒りっぽいけど、本当は優しい人なんだね。
・優しい人だけど、じつは怒りっぽい。

どちらも同じ内容だが、前者のほうが相手に与える印象はかなりいいはずだ。これは、前述のように、最初に覚えたことよりも終わりのほうに覚えたほうが〝再生率が高い〟という心理効果のなせるワザでもある。難しい英単語は最後に覚えるといいといわれるのもこのためだ。

つまり、最初は否定的なことを言っても、そのあとでどんなところがいいのか、できるだけ具体的に称賛することで、そのことが相手に真実味を与えるのだ。

もちろん、いつもこの順番がいいというのではない。もう少し詳しく分析していくと**「初頭効果」**と**「親近効果」**の2つの要素があることがわかる。

どちらも心理学的には広く認知されているが、初頭効果は複数の事柄に対して最初に接触したり覚えた情報ほど記憶**（第一印象）**に残りやすくなる。

一方の親近効果はというと、**「終末効果」**ともいわれ、最後に提示されたことのほうが記憶に残りやすく、それがあとの判断に影響を与える。「去り際のひと言」などがそうだ。

他人にいい印象を与えたいと思ったら、この2つの心理効果を知っておくだけで相手を自分の意のままに操れるのである。

52 ポロッと漏らしたひと言で強烈な印象を残す方法

自分の言葉に説得力を持たせたかったら、どのような行動に出るのがいいだろうか。

教科書通りに考えれば、根拠を示したデータを用意して、プレゼンをしっかりと準備するなどの方法がベストだろう。実際に、この方法なら一定の説得力が生まれるのは間違いない。

しかし、そんな手順を踏まなくても、簡単に説得力をぐっと上げられる方法がある。それは**「思わずポロッ」ともらす**というやり方だ。

あるプロジェクトが部内で検討されているとしよう。自分はこのプロジェクトには反対なのだが、それを推す人間が豊富なデータで完璧なプレゼンをした。このままでは、確実に通ってしまうだろう。

そこで意見を求められた際にボソッと「いや、気になるな…」とつぶやいてみるのだ。するとそのつぶやきは、その場にいる人たちに強烈な印象を与えるのである。

人間は本能的に「思わずもらした言葉は本心だ」と感じる。データで裏打ちされた企画そのものの信頼感より、そのつぶやきのほうが説得力を持ってしまいかねない。すると途端に企画の信頼感は低くなり、形勢逆転という状況に持ちこむこともできる。つまり、頭で理解していることよりも、**感覚のほうが心理的に強く影響を及ぼす**ということだ。

どんなに入念に準備して、完璧なデータを用意しても、一瞬の強烈な印象にはかなわないこともあるというのが、人間の心理の面白さだ。この心理作用を利用すれば、あからさまに説得するよりも「思わず言ってしまった…」というほうが相手を取り込むことができることもある。

人間には**理屈抜きの感情がある**ということを頭に置いておかなければ相手を説得できない。物事は正攻法で取り組むだけではダメなのである。

53 相手の答えを思い通りに誘導する「言葉の選び方」

実際には同じ選択肢を提示しているのに、言葉の選び方や質問のしかたなどによって相手の**意思決定**が異なってくることがある。

アメリカのロヨラ大学で行われた調査によると、シカゴ市民にボールペンと鉛筆を見せて「これらの製品が好きかどうか」と質問したところ、約36パーセントの人が好きだと答えた。

しかし、同じ製品を見せて「これらの製品が嫌いかどうか」と質問したところ、好きだと答えた人は約15パーセントに留まったのである。

「好き」か「嫌い」か、言葉を変えただけで2倍以上の開きが表れてしまうのだ。これは**「フレーミング効果」**といわれるもので、質問のしかたなどが人の意思決定を左右する効果のことだ。なかでも、選択肢の中のポジティブな面に反応するか、ネガティブな面に反応するかが答えを大きく左右する。

人は「嫌い」や「損する」などのネガティブな言葉を避けがちだ。提示された質問の中にネガティブな表現があると、よく考えもせずに「よくないもの」だと判断してしまう傾向があるのだ。

だから説得する時には、相手をうまく**誘導するように言葉を選ぶ**ことだ。たとえば「10人に9人は儲けが出ています」と言うのと、「10人に1人は損をする場合もある」と説明するのでは、この儲け話に対して持つ印象が大きく異なってくる。

一方で、自分が説得される側になる時も表現の違いに惑わされないことが大切だ。こういう時には、提示された質問のフレーム（枠組み）を変えて、捉え方を変える**「リフレーミング」**という思考法を試してみるのもいい。

「歴史を感じさせる昔ながらの物件」は「建築年数が経過した古い物件」であるとか、「成功率8割」は「2割は失敗している」とか、捉え方を反転させると受け止め方も変わってくるはずだ。

54 言葉で相手の信頼感を勝ち取る「バックトラッキング」の極意

大事な話をしているのに、メモのひとつもとらない相手がいたら誰でも「あれ？」と思うだろう。

どんなに記憶力に自信があったとしても、会話の内容を完璧に覚えておくのは不可能だし、大事な部分で聞きもらすことがあるとも限らない。

今の時代、スマホでこっそり録音しているなどという人もいるのかもしれないが、それはそれで言質をとられているようで感じが悪い。

込み入った話をする時は、やはりメモをとるのが最善策だし、実際にそれが習慣化している人は多いだろう。

ただ、さらに相手に好印象を与えたいなら**「バックトラッキング」**を効果的に使うのがおすすめだ。

バックトラッキングとはコミュニケーションスキルのひとつで、和訳すれば**「オウム返し」**のことだ。

たとえば「二日酔いでつらいんだ」と言われたら「そうですか。二日酔いでつらいんですか」、「ネックになっているのは価格なんだよ」と言われたら「なるほど、ネックになっているのは価格なんですね」というように、その**発言を繰り返して口にする**だけでいい。

こうすると相手は「ちゃんと聞いてくれているな」と安心し、どんどん心を開いてくれるようになるのだ。

適当なタイミングでそれまでの論点をまとめて説明し、「…ということで、よろしいんですよね？」と確認をとるといっそう信頼度は上がる。マジメに話を聞いている姿勢だけでなく、内容もしっかり理解できていることが相手にちゃんと伝わるからだ。

ポイントは事実だけでなく、相手の**喜怒哀楽もバックトラッキングする**ことだ。感情の共有は、人間関係の距離を縮める何よりの近道なのである。

55 初対面で距離を縮めるポイントは、名前の呼び方にアリ

2～3度しか行ったことがない呑み屋に入って、店主に「佐藤さん、お久しぶりですね」「山田さん、今日はビールですか？」などと話しかけられるのは、なじみの常連客になったようで悪い気はしない。

ご機嫌ついでに酒をどんどん頼み、気づいたら財布がスッカラカンになるまで飲みまくった…などということもあるだろう。

悪い言い方をすれば、こういう客は店主の術中にまんまとハマっている。ヤリ手の商売人はこのあたりの客の心理を心得ているので、一度会った人の名前は必ず頭にインプットしているのだ。

たしかに、何度も会っているのに、いつまでたっても「あなた」「そちら」

などと呼ばれると距離を感じてしまうものだ。

名前はその人を構成するパーソナリティのひとつである。それをいつまでたっても覚えないのは「存在を認めない」のと同じであり、逆に、一度で覚えるのは「存在を認める」ことを意味する。

つまり、名前を覚えることは相手への敬意につながるのだ

ちなみに、こういう場合は心理効果のひとつである**「返報性の原理」**が働く。自分に対する敬意を感じとった相手は、その人を同じように名前で呼ぼうとするだけでなく、ちょっとした要求ならできるだけ応えようとしてくれるはずである。

このテクニックは**初対面からさっそく始める**といい。名刺交換をしたら、「課長の高橋さんですね。よろしくお願いします」とか「加藤さん…、下のお名前は何とお読みするのですか」などと意識的に名前を呼びつつ挨拶を交わすのだ。

そして、その後の会話でも意識して相手の名前を呼ぶようにすれば初対面でも一気に距離が縮まるはずだ。

56 好意的でない相手には「スリーパー効果」を使う

周囲の人があなたに対して抱くイメージを簡単に分ければ、好き・何とも思わない・嫌い、の3つになるだろう。なかでも、コミュニケーションをとることにおいて最も難敵となるのは、いうまでもなくあなたを嫌っている人だ。

こちらはお近づきになりたいと思っていても、スタート地点がマイナスとあってはハンデが大きい。しかし、アプローチしだいではこの逆境をひっくり返すこともできる。

好き嫌いは感情の問題で、論理一辺倒では動かし難い。これこれの理由で私はあなたが好きですと冷静になって説明したところで、「あなたのような人は嫌いなの」と一蹴されてしまえばそれでおしまいである。

こういう時は結果を急がず、じわじわと攻めたほうがうまくいく。拒まれてもめげずに、好意を寄せているというメッセージを発信し続けるのだ。「好きだ」「きれいだね」「食事に行こうよ」「つき合ってほしい」など、言葉は何でもいい。その際、少し間隔を空けながら繰り返すのがコツだ。

これは**「スリーパー効果」**を利用したアプローチ法である。

インターバルを置くことによってネガティブなイメージが薄まり、メッセージだけが心に刷り込まれていく。すると、あなたへの信頼度がだんだん高まって心を開いてくれるようになるのだ。心理学の研究によれば、**インターバルは1〜2週間程度が最も効果的**だといわれている。

恋愛はもとより、スリーパー効果はビジネスでも使える。いったん断られた交渉も時間を置いてめげずに何度も繰り返せば、成功する可能性がアップするだろう。

そもそも人間は、好意を示した相手に好意を返したくなる性質を持っている。そんな心理を上手にくすぐるわけだ。ただし、生理的に受けつけないといった場合は嫌悪感を募らせる恐れがあるので、使う相手は慎重に選びたい。

57 理屈になっていないほうが、かえって納得させやすいワケ

「安売りセールをしているから洋服を買う」「健康にいいので運動をする」など、意識するしないにかかわらず、**人はなにかと理由をつけて行動している。**「理由」によって自分を納得させているのである。

だから、それらの理由を見つけてやれば逆に人は動かしやすくなるのだ。

たとえば、取引先との商談に出かける前に、上司に確認をとっておきたい事柄があるとしよう。同僚も上司と打ち合わせをしたいと言っているが、外出時間が迫ってきており順番を先にしてほしい。こんな時、どうやって頼んだらいいだろうか。

1「先に打ち合わせをさせてくれないか」

２「急いでいるので、先に打ち合わせさせてくれないか」

３「打ち合わせをしたいので、先にさせてくれないか」

１より２のほうが譲ってくれる確率が高いのは当然だが、意外なことに３でも同じくらい効果がある。

冷静に考えれば、３の理由はまったく筋が通っていない。それでも、理由らしきものがあるだけで、なんとなく納得してしまうのである。

このようにある働きかけに機械的に反応してしまう心理を**「カチッ・サー効果」**という。少々古い話だが、テープレコーダーのスイッチをカチッと入れると、サーッという音が流れることからきている。

部下に仕事を頼みたい時も「きみに頼みたいから、この書類をまとめてくれないか」と、よくわからない理由をつけるだけでさっと動いてくれるだろう。

じつは、**正当な理由が常にベストとも限らない**のだ。「部長との約束に遅れそうなので」と正直に頼んだら、偉い人の名前を出して割り込んでくる鼻持ちならないヤツとかえって反発される恐れもある。

逆に、理屈になっていない理由のほうが納得させやすかったりするのである。

58 「頑張って!」より効果てきめんのパワーワードとは?

子供でも会社の部下でも、誰かを育てたいと思った時に覚えておきたいパワーワードがある。それは「期待している」だ。

誰かを励まそうとしてつい口にする言葉に「ガンバレ」があるが、たいていの場合はその時点ですでに頑張っているわけで、あまり心に響かない。

それどころか、「もう頑張っているよ」などと反発されることもある。セオリー通りの言葉を杓子定規に使っても台無しになることがあるのだ。

そこへいくと、**「期待している」**という言葉は自然と相手の向上心を刺激し、「期待に応えたい」という強い気持ちを生む。当然、言葉だけでなく、期待感を態度にも表すようにすると相手のやる気はさらにアップする。

これは**「ピグマリオン効果」**と呼ばれるもので、アメリカの心理学者ローゼンタールが実験を行って証明している心理効果である。

頑張れ頑張れと無責任に応援されるよりも、期待しているという素振りを見せられたほうが俄然やる気が出るというのは納得できる話だろう。「君ならできる、信じているよ」などと言うだけで具体的に何かを指示しなくても、やる気があればどんどん新しい発想は生まれてくるだろうし、能率も向上する。

その結果として、期待に応えられたと感じた時の達成感はなにものにも代えがたいはずだ。認められることでさらにやる気は上がるだろうし、何よりも信頼関係は深いものになる。

人間関係の好循環をつくり出すことができれば、相手の成長を促すだけでなく、自分も育成者としての評価を上げることもできるのである。

励まそうと思って口にした言葉が、相手に届かなければ意味がない。**教科書通りの対応は、実践の場面では役に立たない**こともあるのだ。

人間心理のツボを心得ておくことで、大切な場面でも的確な対応をすることができるようになるはずだ。

59 お願いの時の「ちょっと」には最大限の警戒が必要!?

誰かに頼み事をしたいとする。しかし、それが少々厄介な内容だった場合は頼み方にもひと工夫が必要だ。

たとえば、明日までに書類を作ってもらいたい場合、いきなり「明日までにこの書類を作ってほしい」というのは、馬鹿正直過ぎる。依頼の中身がすぐにわかって判断しやすいし、対人関係のイロハから見れば相手の立場に立った100点満点のやり方なのだが、交渉術としては落第だ。

まず、ひと言目は**「ちょっと」**というフレーズだ。

「ちょっとお願いがあるんだけど」と、気軽さを装って口火を切るのがいい。ちょっとならいいか、と相手に思わせたらしめたものなのだ。

いったん依頼を受けた相手は、依頼の内容が多少難儀であってもたいていはそのまま引き受けてくれるはずだ。これは、**「フット・イン・ザ・ドア・テクニック」**という心理術で、簡単な依頼を受けてもらうと、徐々に**難易度を上げていっても引き受けてもらいやすい**というものだ。

逆に言えば、「ちょっといいかな」とか「簡単なことだからいいかな」などという依頼には、最大限に警戒する必要がある。

すぐに判断せず、「まず、内容を教えてもらっていいですか？」と切り返そう。その上で、依頼を受けるかどうかを判断すればいい。

肝に銘じておきたいのは、このテクニックを交渉に利用しようとする人は策士である場合が多いということだ。

仮に依頼内容が簡単で負担がそれほどないものだったとしても、一度引き受けてしまったら徐々に厄介事を持ち込まれるようになる可能性もある。

相手が本当に困っている場合は別だが、あえて**依頼を受けないというのも駆け引きのひとつ**かもしれない。カモだと思われたら、いつまでもつきまとわれてしまうのだ。

60 権威を引き合いに出した説得に丸め込まれてはいけない

自説を補強するために専門家の意見やデータがよく使われることがある。信ぴょう性が高い裏づけを用意することは、論理的な説得法としては正しい。

しかし、あまりに多用する人は用心してかかるべきだ。**「ハロー効果」**に惑わされ、本質を見誤る危険があるからである。

ハロー効果は、別名を後光効果ともいう。権威や肩書き、知名度などが後光となってその人を照らし、実際よりも素晴らしく感じられる心理を指す。しかも本人の肩書きのみならず、他人の威光を借りてもハロー効果は発揮されることがある。

たとえば、「隣家のおじさんが言っていた」と聞けば単なる噂と笑い飛ばす話も、その分野で第一人者と認められている研究者が語ったとなればぐっと真実味が増すだろう。

専門家の意見を引き合いに出すとそれが**後光**となり、ありきたりな主張そのものまで立派に見えるというわけだ。

だからこそ、慎重に**相手の言い分を見極める**必要がある。こちらを丸め込もうとしたり、貧弱な論理をごまかそうとしているのかもしれないからだ。最も重要な点は引用ではなく、本人の主張だ。うわべを飾る演出に目をくらまされたら、あとでとんでもない目に遭う。

ここは主張と裏づけを切り離して考え、論理的に食違いはないか、不利な点を隠してはいないかなど、念入りに検討したほうが安全である。

もちろん、もうひと押しほしい時にはハロー効果は有効だ。専門家の言葉を借りるだけでなく、相手にとって**影響力のある人にプッシュしてもらう**方法もある。

もっとも、虎の威を借る狐にならないよう、主張自体をしっかり組み立てておくことが大切である。

Step 5

論理と心理を武器にして、どんな「逆境」も切り抜ける

人間関係はいいことばかりではない。むしろ、わずらわしいと感じたり、モメたり、傷付いたりということのほうが多い。そんな時にこそ、逆境を上手に切り抜け、難題を解決に導く論理術と心理術を身につけるべきだろう。

61 パニックになったら「LEAD法」で冷静な思考を取り戻す

ポカをして会社に損害を与えたり、取引先を怒らせて交渉事が行き詰まるなど、思いもよらぬピンチは誰にでも起こり得る。ふだんはそつなく仕事をこなしている人でも、窮地に立たされればパニックに陥るものだ。

そんな時、問題を解決するにはまず**「事態を客観的に見る」**ことから始めるべきだが、いざトラブルに見舞われると慌てるばかりで物事を論理的に考えることすら難しくなる。

そこで役立ちそうなのが、アメリカの心理学者ストルツが提唱する**「LEAD法」**だ。

「LEAD」は、次の4つのステップの頭文字をつなげた造語である。つまり、この順番に対処することが事態を収束する近道というわけだ。

①「LISTEN」…現状を**把握する**。自分のことなら失敗を理解し、認める。部下や同僚の問題なら話をしっかり聞く

②「EXPLORE」…失敗に至った経緯から**問題点を探る**

③「ANALYZE」…なぜそれが起こったか、**原因を分析する**

④「DO」…分析することによって見つけた**解決方法を実際に行動に移して試す**

どれも一見、当たり前のことのように感じるだろうが、それもそのはず、LEAD法はいわば**当たり前の視点を持つ**ことで冷静さを取り戻す思考術だ。トラブルの渦中にいる時は、その当たり前のことを忘れてしまうほど冷静さが失われていることもある。

仮に問題点を把握せず、対処方法も見つからないまま闇雲に再チャレンジすれば、同じミスを重ねてよけいに事態をこじらせることにもなりかねない。

そうならないためにも、まずは冷静かつ正確にトラブルの全体像を把握すること。これができれば、おのずと問題解決の道が開けるのである。

62 トラブルを論理的に解決する「なぜなぜ分析」のススメ

何かにつけ「なぜ?」「どうして?」と聞いてくるのは、好奇心が芽生えた子供にありがちな行動だ。

あまりにしつこい質問攻めに大人のほうがさじを投げたくなることもあるが、この **「なぜ?」** という疑問を持つことこそが、トラブルを論理的に解決できると唱えた人がいる。

それは、トヨタ自動車工業の元副社長である大野耐一氏である。

大野氏は自身の著書で、トヨタ独自の生産方式のひとつとして **「なぜなぜ分析」** という問題解決法を紹介した。

やり方はいたって簡単で、ひとつの問題に対して5回の「なぜ?」を考えるというものである。

たとえば、「注文が増えない」という問題があったとしたら、

①なぜ？……「宣伝不足」

②なぜ？……「どこをアピールすればいいかわからない」

③なぜ？「そもそも商品に欠陥がある」

④なぜ？……「リサーチ不足だった」

⑤なぜ？……「開発する時間が足りなかった」

このように前の事象に対して**5回の「なぜ？」**を繰り返せば、おのずと問題点が浮き彫りになる。

そうすれば、「現状の商品のまま注文を増やすのは無理がある」「今すぐ企画を立て直して、商品そのものをリニューアルするのが近道」といった解決法が導き出されるというわけだ。

ただ、トラブルの根本的な要因がひとつとは限らない。もしも、①のなぜ？に対する答えが複数あった場合、無難にひとつに絞らず、それぞれのなぜ？で**複数のフローを作ればより強固な解決法が生まれる**はずだ。

63 圧倒的に不利な状況こそ、堂々と詭弁で突破する⁉

日本人は議論が苦手というイメージがあるが、これはあながち間違っていない。協調性が重んじられる日本の社会では、侃々諤々《かんかんがくがく》の議論好きというのは敬遠される傾向にあるようだ。

とはいっても、意見を交わしたりすり合わせたりするのは必要な手順であり、社会人として避けて通れない場面だろう。その際には、正攻法だけでなく、裏技ともいえるスキルを覚えておきたい。

意見を交わす時には、当然「論点」を明確にしてそれを踏まえて発言しなければ建設的な議論にはならない。しかし、この理屈が通用しない場合もあるのだ。正攻法では圧倒的に不利な場合がそれに当たる。

そこで役に立つのが**「論点のすり替え」**である。詭弁術といわれるやり方のひとつで、キーワードは**「あいまいな定義、簡潔な結論、長い説明」**だ。

「遊ぶよりまず宿題を先にやりなさい。そうすれば気分がいいでしょう」

「ちょっと公園を走ってこようかな。体を動かせば気分がすっきりするよね。最近運動不足だから体のためにもなるしさ。公園を一周すると1キロあるよ。何周してこようかな」

「そんなの一周で十分でしょ」

このやり取りでは、当然宿題をやるべきかというのが論点のはずだ。それが、「気分がいい」という点に力点を置いてあいまいにしている。さらに、そこに長々と説明を加えることで上手に論点をずらしている。

論点を挟んで真っ向から対峙するのでは、自分に理がない時は簡単に言い負かされてしまう。そんな時は、**論点をあえてずらして自分が太刀打ちできる土俵に話を持ってきてしまう**のだ。

卑怯なやり方ではあるが、うまく使えば争うことなく議論を有利にリードできる賢いやり方なのである。

64 怒ってる相手の気持ちを鎮める「カタルシス効果」って何？

クレームの処理は骨が折れるものである。ねちねちと嫌味を繰り返す人、頭ごなしに怒鳴りつける人とタイプはさまざまだが、対応のしかたによっては話をさらにややこしくしてしまいかねないからだ。

一方的にまくし立てていることといえば、屁理屈や難癖に聞こえることもあるだろう。クレームに対してきちんと説明できるだけの論拠を持っていたら反論したくもなるはずだ。

しかし、こういう時に**理詰めで説き伏せようとする行為は逆効果**になる。

そもそも、相手はこちらの言い分を聞ける精神状態にはない。正論であれ言い訳であれ、すべてが自分を否定する言葉に聞こえてしまい、いっそう怒りを買うだけである。

ここはまず、相手に気のすむまでぶちまけさせてしまったほうがいい。カチンときてもけっして感情的にならず、神妙になって聞いておく。そうしてひと通り文句を言い終えた頃には、当初の怒りも和らいできているはずである。

不満やいらだち、不安といった嫌な感情を吐き出すと人は気分がすっきりするものなのだ。これを**「カタルシス効果」**、あるいは「精神の浄化作用」という。いわば**心のガス抜き**である。

気持ちが落ち着けば、こちらの話にも耳を傾けるようになる。そこで、はじめて対応策などを切り出すのだ。

怒っているうちはどんな理屈も通用しないので、とにかく怒りを発散させてやるに限る。怒りは永遠に続くものではなく、**ピークはだいたい4分半**だという。しばらくは厳しい叱責に堪えなければならないが、口論して対峙するよりずっとスムーズにことが運ぶだろう。

ちなみに、この方法は自分にも使える。不愉快な感情を日記に書き出すと、同じようにカタルシス効果が得られてストレスの解消につながるのだ。

65 押しの強い相手には「反同調行動」で主導権を握る

知り合いが笑顔で声をかけてきたら、意味もなくつられてしまい笑顔になることはないだろうか。

このように、相手の行動に対して同じ調子で応えることを**「同調行動」**という、親しい間柄であればそれが自然と態度に表われたり、またちょっと意識して相手の行動に同調すれば、その人との心理的な距離感を縮めることもできる。人間関係を円滑にするために知っておきたいものである。

ただ、なかにはこの同調行動をとってはいけない相手もいる。それは、的外れな文句や理不尽な言いがかりをつけてくる人、いわゆる**悪質クレーマー**だ。

クレーマーに同調するといっても、一緒になって文句を言うというわけではない。たとえば、「そっちの対応のせいで最悪な気分になったんだよ！　どうしてくれるんだ！」などと迫られたとしよう。そんな時に委縮して「すみません…」と言ってしまうと、相手の調子に合わせているので〝同調〟していることになる。

これではクレーマーのペースにまんまとはまってしまうことになり、相手は図に乗ってますます悪質化していく。だからこのような場合には、逆に徹底的に**「反同調行動」**を貫くのだ。

たとえば、「どうしてくれるんだ！」と凄んできたら、「お客様はどのような対応をご希望ですか？」と切り返す。

とにかく熱くなっている相手とは正反対の冷静な対応を続けるのである。

そうすれば、さすがのクレーマーもトーンダウンせざるを得ない。クレーマーが増えているといわれる昨今、**同調行動は火に油を注ぎ、反同調行動はクレーマーを黙らせる**効果があることを知っておきたい。

66 警戒している相手の口を割らせるための裏ワザ

自分の部下がコンプライアンス違反すれすれの危ないやり方で仕事をとっていたことが発覚したとしよう。だが、本人はまだ上司にバレたことに気づいていない。

こういう時は、本人を呼び出して「やったんだろ！ 言ってみろ！」と迫ったところで本音を聞き出すことはできない。シラを切られたり、どこまでも「やってない」を繰り返されるのがオチだ。

そこで、警戒心を与えずに自然に口を割らせるために**自分も同類**であることを匂わせてみるのだ。

「オレも若い頃はけっこう無茶をしたもんだ」

「お前の気持ちもわからないでもないんだ」

などと、はっきりとは言わないものの自分にも**同じような経験があったことを匂わせる**。そうして相手が心を開き、話に耳を傾け始めたら「まず、何があったんだ」と崩しにかかるのだ。

この「自分にも同じ経験がある」という告白は、子供の隠し事を聞き出す時にも効果がある。

たとえば、友達のおもちゃを壊したとか、いじめて泣かしたという話を聞き、「なんでそんなことをしたんだ！」と問い詰めても、その子供の成長にはつながらない。

だが、「お父さんも小さい頃は…」と自らの経験を打ち明けて、こういう時はちゃんと謝るんだと順を追って教えていけば納得してくれるはずだ。

ただし、子供は親の子供の頃の体験を根ほり葉ほり聞きたがるので、同じ経験をしたことを匂わせる程度ではボロが出てしまう可能性もある。

子供に対して同類を装うには、前もって**しっかりとしたストーリー展開を構築しておく**ことが必要なのである。

67 周囲の勝手な言い分に振り回されないための〝決定打〟

自分の考えや信念に基づいて行動したら「なんでそんな勝手なことをするんだ！　事前にきちんと相談しろ！」と怒られ、それならばとこと細かに指示を仰ごうとすれば「そんなことでいちいち上司を頼るな！　自分の頭で考えろ！」と怒鳴り散らされる——。

このように相手の行動を**二重に拘束する**言動を、心理学では**「否定的ダブルバインド」**という。こんな訳のわからないことを言われ続けた日には、何をどうすればいいのかがわからなくなり、しだいに考えることを放棄するようになるだろう。

しかし、このようなダブルバインドをする人はけっしてめずらしくない。高圧的な会社の上司や親、配偶者や恋人などの勝手な言い分に振り回されている人は少なくないのだ。

では、このようなタイプにはどのように対処すればいいのだろうか。まず、相手の言っていることをよく聞き、過去の発言との矛盾があることをしっかりと把握することだ。

ダブルバインダー本人は、その場その場で感情的に言いたいことを言っているだけなので、自分でも矛盾した発言をしていることにあまり気づいていないことが多い。だから、**今までにどんなことを言ってきたのかをしっかりとチェックしておく**のである。

そして、ここぞという時に「あなたは以前こう言っていたけれど、矛盾していますよ」と、今まで言われたことを次々と突きつけるのだ。そして、それによって自分は苦しめられていることをきちんと主張するのである。

そのうえで、これからはどっちの命令にも従わずに**自分の考えに正直に行動する**ようにする。そうすれば悪夢のような否定的ダブルバインドから逃れることができるはずだ。

68 ガセネタの前に埋め込まれた〝仕込み〟を見抜け！

インターネットが発達した結果、好むと好まざるとにかかわらず身の回りに情報があふれ返る社会になった。そうなると便利になった一方で、**情報の真贋を見極める**目が必要になってくる。

だまされたことなんてないという自負がある人でも、いわゆる〝ガセネタ〟に踊らされてしまった経験くらいはあるだろう。巧妙なウソならともかく、明らかにうさんくさいような情報でもうっかり信じてしまうのはどういうことなのだろうか。

たとえば、「今週の土曜日に大地震が起きる」という噂が流れたとしよう。ふつうに考えれば、専門家をもってしても正確な地震予知は困難であり、これはデマではないかと判断できる。

しかし、この情報の発信元が、過去数年間に「1年以内に日本で震度5以上の地震が起きる」というような予知を何回もして、的中させていたとしたらどうだろうか。

冷静に考えれば近年の地震発生の頻度を考えるとこれくらいなら当てずっぽうでもできる予言なのだが、この程度の話でも繰り返すとその情報の出所への信頼感は増してしまう。

そうしてある程度信頼感が高まったところで、本命のネタを流す。はたから見ればたとえ荒唐無稽な話であっても、一定の信頼感を持ってしまった人たちはその話を信じてしまうのである。

単なるウソつきとは違って、戦略的にガセネタを利用しようとする人間は、そのために手間も時間も充分にかけるのだ。

情報をコントロールすることで自分に有利な状況をつくり出すためには、時に**〝ガセネタ作戦〟**が役に立つ。本命のネタの前には、**入念な仕込みがある**のである。

69 理不尽な攻撃にあった時の最も効果的な防御法とは？

「渡る世間に鬼はなし」などというが、自分を取り巻く人間関係はいつも良好とは限らない。なかには相性の悪い人や、価値観が合わない人ばかりでなく、理不尽に他人を責めたり、中傷したりするようなタチの悪い人もいる。

傍観者の立場なら「ひどい人がいるものだ」で済むが、自分に火の粉が降りかかるようなことがあれば、そう呑気に構えてもいられない。

では、この手のタイプにはどのようにして対峙すればいいのだろうか。

自分には心当たりがないのに、「おまえは何をやってもダメだなあ」「このまじゃクビになるぞ」などと、的外れな中傷をしてくるような人は、他人を挑発してアドバンテージを取りたい小心者でもある。

この場合、つい「どういうことだよ」「なんで俺がクビになるんだよ」などと反論したくなるが、グッとこらえてほしい。それでは敵の思う壺だ。

相手は「自分に自信がない↓不安になる↓相手を同じ土俵に誘い込む↓少しでも優位に立って不安を解消する」というロジックで、自分自身を満たそうとしているのだ。

挑発した相手が反応すればするほど喜びに浸るこの手のタイプには、**無反応を決め込む**のが最も効果的だ。

小学生の男の子が、好きな女の子にやたらとちょっかいを出すのに似ていて、相手はあなたに関心があるから根拠のない嫌味を言ったり中傷したりしてくる。だから、あからさまに無関心な態度を示されることが相手にとっては最大の恐怖なのだ。

そんな子供じみた行動に合わせて、わざわざ同じ土俵に立ってやることはない。「そんなふうにしか人とコミュニケーションがとれないなんて気の毒に…」という意味を込めて、**憐みと蔑みの視線を送ってあっさりスルーする**のが最善の策なのである。

70 ビジネスシーンでは、対立する相手こそ全力でほめよ

哲学者ニーチェの言葉に、**「汝の敵には軽蔑すべき敵を選ぶな。汝の敵について誇りを感じなければならない」**というものがある。ライバルというものは互いに認め合って切磋琢磨すべきものであり、貶め合う関係は健全とはいえない。

とかくライバル関係にあるような仲は、周囲も面白がって対立をあおり立てるものだ。理屈からいえば、実力が伯仲して競い合うような関係だからこそライバルといわれるのだから、対立してしまうのも無理のない話ではある。

しかし、本当のライバル関係というのは、ニーチェの言葉にもあるように互いを尊敬してこそ成り立つものだ。そんな関係になれたら、よりよい刺激を与え合って、さらなる高みを目指すことができるだろう。

そこで、対立や足を引っ張り合う関係をなんとかしたいと感じたら、利用したいのが**「風評効果」**と**「ウィンザー効果」**の2つだ。ポイントは「**誰かが言っていた」**という体で相手をほめることである。

まず周囲に対して、「Aさんはいつも仕事が正確で、真似したいと思っているんです」などとライバルをほめておく。人のうわさとはあっという間に伝わるもので、遠からず本人の耳に入るはずだ。人づてに聞いたことは直接言われるよりも信じてしまう傾向があり、これを風評効果という。

そして直接話す機会があったら、「部下がみんなAさんを信頼しているんですよ。私も見習いたいです」というように、誰かがほめていたというように相手をほめるのだ。すると、ほめていた本人だけでなくそれを伝えた人にもいい印象を抱く。これが、ウィンザー効果だ。

ほめられて悪い気がする人はいないし、これを繰り返すうちに関係は好転し、互いに尊重し合い、切磋琢磨する**真のライバル関係を構築**できるはずだ。

どんな場合でもネガティブ思考は成長の妨げになる。ライバルの存在はポジティブに利用するべきなのである。

71 「袋小路」からなんなく抜け出すすごい思考プロセス

順風満帆で何事もスムーズに進んでいるなどというのはそう滅多にあることではない。仕事にしても私生活にしても、何かしらのつまずきや行き詰まりがあるのは当たり前のことだ。

何かに行き詰まった時、「あきらめない！」というのは精神論としては正しいかもしれないが、それだけではほかばかしい結果は得られないことが多いだろう。やみくもに続けるよりも、ここは上手く考え方を変えていくのが賢明なやり方だ。

作業の改善に役立つ思考方法として、**「ECRSの原則」**というものがある。Eは**排除する**（Eliminate）、Cは**組み合わせる**（Combine）、Rは**再配置する**

(Rearrange)、Sは**簡素化する**(Simplify)の頭文字をとっている。

まず、無駄な作業を見つけて排除し、似たような作業は一緒にしてしまい、替えられる手順がないかを検討し、さらに無駄なことがないかを徹底的に洗い出していくのだ。

この方法には、作業を**徹底的に合理化してスリム化**するという趣旨がある。

行き詰まっている時は、周りが見えなくなっている。見当はずれなのに1人であがいていることも多いし、堂々巡りの無駄な作業を繰り返していることもままあることなのだ。

合理化するという一見クリエイティブとは対極にあるような思考プロセスを経ることでやるべきことが明確になり、現状を打破するアイデアが生まれやすくなる。

行き詰まっている時は無理に新しいアイデアをひねり出すこともないし、**精神論だけで突っ走るのも考えもの**だ。

いったん立ち止まってECRSの原則にのっとって客観的に作業を見つめ直すだけでも、スランプ脱却の道筋はおのずと見えてくるのである。

72 何が起きてもあわてない リスクマッピングのルール

新しいプロジェクトなどの重要な案件を進める時には、計画の中にどれだけのリスクが潜んでいるかを事前に洗い出しておくことが大切である。

前もってリスクを想定しておけば事故の発生を防ぐこともできるし、万が一、トラブルが発生した時にも即座に対処してリスクを軽減できるからだ。

そのためには、まずプロジェクトに関わるメンバーで予想される**リスクを徹底的に洗い出していく**ことが必要になる。

事故が起きる可能性はないか、トラブルが発生するとしたらどんな状況の場合かなど、さまざまな角度から検討して洗いざらい書き出していくのである。

そうして想定されるリスクをもれなくリストアップしたら、次にはそのリスクがプロジェクト全体にどれだけの影響を及ぼすかを個々に評価していく。縦軸に発生する確率、横軸に発生した時の危険度を配したマトリクスを作って、そこに書き出したリスクをマッピングしていくと評価しやすい。

マッピングが終わったら、発生する確率や危険度が高いものからどう対処していったらいいのか**回避策や軽減策**を講じていく。

たとえば、自分たちでは手に負えないようなリスクが潜んでいる場合には、前もって専門家などに方策を依頼しておくこともできる。

このようにリスクを評価するプロセスを**「リスクアセスメント」**という。建設現場や工事現場などでよく取り入れられる手法だが、そのほかのプロジェクトのリスクコントロールにも有効だ。

取引先が撤退したらどうするかとか、顧客からクレームが入った時にどう対処するかなどをすべて網羅しておけば、問題が起こった場合でも冷静に対応できるはずだ。

ポイントは、**隠れたリスクを徹底的に見つけ出す**こと。見落としがあると、想定外の危機に対応できずに悲惨な結果を招くこともあるから要注意だ。

73 「魚の骨」をイメージすると、問題点が明確になる

どんな仕事にもトラブルはつきものだが、そんな時、客観的な視点で問題点を可視化できる方法がある。それが**「フィッシュボーン・ダイアグラム」**だ。

図の通り、形が**魚の骨**に似ていることからその名がつけられている。

実際に作成する時は、次のステップで書いていけばよい。

1. 魚の頭の部分に問題点や、解決したい課題を書く
2. そこから背骨のように1本線を引く
3. 問題点に対し、考えられる要因を「大骨」の先端に書く
4. 大骨に対し、考えられる要因を「小骨」に書く
5. それぞれの小骨に対し、考えられる原因や解決策を書き込んでいく

■フィッシュボーン・ダイアグラム

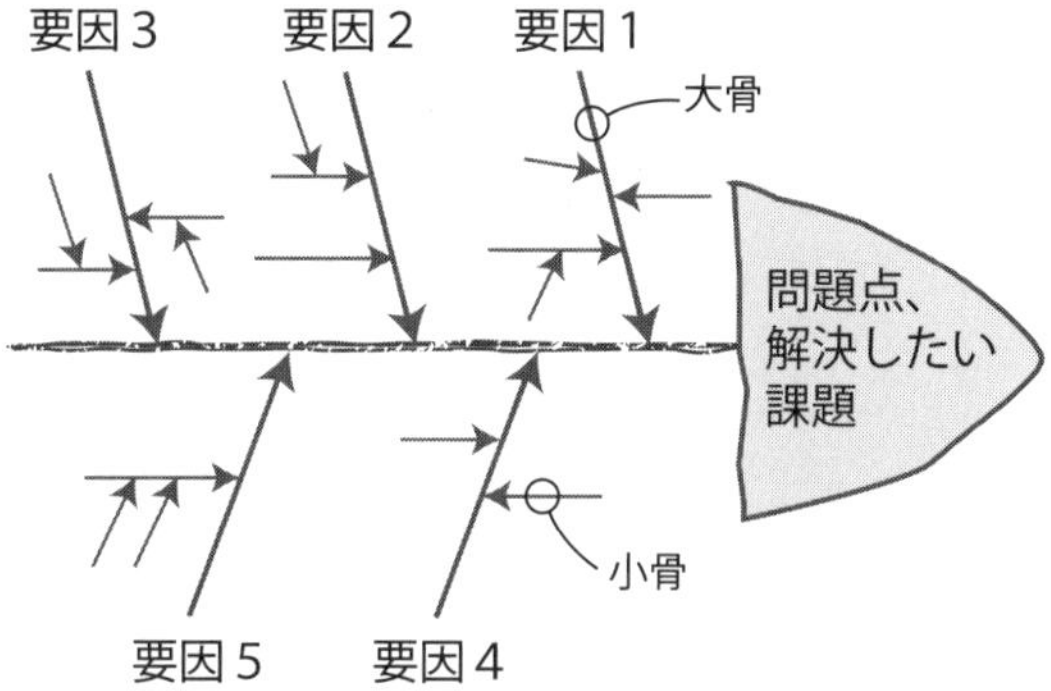

このステップを踏んでいくことで、「あれが原因か？」と頭の中で漠然と考えていることがクリアになり、**問題点の洗い出しと分析、解決策のアイデア出しを同時に行う**ことができる。

何より、**「可視化」**することで、状況を全員で把握することが容易になるし、「この問題を乗り越えよう」という連帯感も生まれてくるはずだ。

状況によっては大骨よりも小骨が先に明確になる場合もあるが、手順にこだわらず、先に小骨を書き込んでいってもいい。大事なのは**「なぜ」「どうして」**を繰り返して、問題点を掘り下げていくことなのである。

74 現状打破に役立つ「バックキャスティング」の思考法とは？

世の中には成功する人とそうでない人がいるが、両者の大きな違いは将来のビジョンとの向き合い方だろう。

たとえば、ダイエットに成功する人は今より10キロ痩せて健康を取り戻した「理想の自分」を思い描き、それに対して「今、何をすべきか」を実行に移せる。

じつは、この未来から逆算する思考法は**「バックキャスティング」**と呼ばれ、逆境を切り抜けるのにきわめて有効だ。

もともとは環境用語で、たとえば温暖化が進むことで地球の将来を予測し、設定した目標からさかのぼって現在すべきことを考える…といったアプローチを意味する。

このアプローチ法をビジネスにも活かせば、たとえ現在の立場が苦しかったとしても、将来に向けた打開策を練ることができるのではないだろうか。

もし、あなたが今の仕事に危機感を覚えているのなら、まずは10年後にどういう自分になっていたいかを想像し、それを目標として設定しよう。

そして、次にそのためにはどんなキャリアが必要か、転職や資格の取得なども視野に入れて具体的な計画を立てるのだ。

ちなみに、**「現在を起点」**にして何をすべきかを組み立てる考え方は**「フォアキャスティング」**と呼ばれ、これももちろん悪いやり方ではない。

ただ、未来を起点にプランニングして実行すれば、少なくとも「始めるのが遅かった」というネガティブな気持ちにはならない。

注意したいのは、時が経つにつれ状況は刻々と変わるので、定期的にバックキャスティングの見直しを図ることだ。

自分の置かれた場所を客観視して現実的な目標に修正できる――。こうした柔軟性も将来のビジョンを考えるうえでは不可欠な要素なのである。

Step 6

最短で結果を出すために、タイプ別攻略法は欠かせない

人の考え方や好みはまさに十人十色、それぞれ性格なども異なっている。相手を自分の意のままに動かすのに杓子定規な対応をしていては、いつまでたっても埒が明かない。そこで、この章ではタイプ別の「攻略法」を伝授しよう。

75 矛盾した論理を振りかざす「疑り深い人」に効くひと言

有名人の釈明会見を聞いていて「あんなのウソだ、ごまかしているに決まっている」と決めつけたり、何の証拠もそぶりもないのに「絶対に浮気している」と交際相手を疑ってかかるなど、何を見聞きしてもまっすぐに受け取らない人はいるものだ。

たしかに物事に対する感じ方や捉え方は人それぞれかもしれないが、疑い深い人のこうした思い込みは妄想に近いといってもいい。

このような思い込みを心理学では**「投射」**といい、自分の感情や性質を他人に映す心理が働いている。疑い深い人が何事に対しても疑念の目を向けてしまうのは、その人自身が浮気性だったり、ふだんからウソをついたりごまかしたりしているからなのだ。

つまり、困ったことに「自分ならこんな場面ではうまく言い逃れする、だからコイツもごまかしで言い逃れしようとしているに決まっている」という**論理が自分の中でできあがっている**のである。

だから、それは違うとか考え方がおかしいなどといさめたり、どんなに相手の矛盾を指摘したところで自分の考えを変えることはない。

それどころか、こちらが間違いを正そうとすればするほど、「あの人はおかしなことを言っている」などと自分の正当性を主張してくるはずだ。しかも、自分の都合のいいように話を歪曲することもある。

このようなタイプの人を**第三者が変えることは至難の業**だ。だから、まずは話を聞いてから「なるほど、あなたはそういうふうに考えるのですね」とか、「そういうとらえ方もあるのですね」などと暗にこちらの意見は違うということを匂わせるといい。

そのほうが、間違いをズバリ指摘するより相手の心に響く。疑い深い性格を他人が力づくで矯正することは、そもそも無理な相談なのである。

76 いつでも相手を肯定してくれる人を攻略するにはコツがある

話し合いをしている時に、何を訴えてもまずは「たしかにそうですね」とか「わかります」などと、こちらの意見を肯定する言葉を返してくる人というのは、基本的に攻略するのが難しい。

こういうタイプが使う肯定の言葉というのは、じつは直接的には何の意味も持たない **〝枕詞〟** である。

だから肯定の言葉の後には、必ず「でもね」とか「しかしながら」などの否定の言葉がくっついてくる。

つまり、何を言われても相手の意見を聞かない、受け入れないという場合の**マニュアル的な話し方**なのである。

このような**「肯定↓否定」**という話し方を**「イエス・バット法」**といい、「そんなことはありません！」などと即座に相手の意見を否定するとトラブルになることから、それを避けるための戦略として使われていることが多い。

ただ、両者ともイエス・バットを使ってしまうと、

「たしかにそうですね。しかしながら、これは○○のためのものですから…」

「それはわかる。でもね、これだとどうしても不便なんだ」

「そうですよね。でも、これは変えられませんね」

というように、ただの**イエス・バットの応酬**になってしまい、それこそ埒が明かなくなってしまう。

そうならないためには、秘策をいくつか懐に忍ばせておくことだ。そうして、お互いのイエス・バットが始まったら、「ところで、こういうのはどうですか」と隠し持っておいたアイデアを出すのである。

すると、マニュアルどおりに話していた相手の頭のスイッチを切り替えることができる。お互いに自分の頭できちんと考えて言葉を発すれば、生産性の高い話し合いの場を持つことができるのである。

77 傍観者タイプを動かすには「あなただけしかいない！」

全員が一丸となって当面の課題に取り組んでいこうという時に、どこか他人事で気持ちの入っていないメンバーがいると組織全体の空気に締まりがなくなってしまうものだ。

このようなタイプはけっして能力がないわけではない。ただ、みんながやる気になっているのだから、自分が頑張らなくても誰かがやってくれるだろうと高みの見物をしているのだ。

そこで、その高みから引きずり下ろして動かすためには、ある言葉をかけるといい。それは**「これはあなたにしか頼めない」**だ。

たとえば、誰にでもできる仕事を用意して「この仕事を担当してもらえませんか？」と聞けば、「ほかを当たってください」とあっさり断られてしまう可能性がある。

だが、あなただからお願いしているという雰囲気を前面に押し出せば、「誰にでもできますよ…」と尻込みしながらもけっして悪い気はしないはずだ。

そこへさらに、「なぜなら仕上がりのクオリティーが高いから」などと評価している部分を説明して畳みかければ納得して引き受けてくれるだろう。

このような誰かがやってくれるという気持ちは**「傍観者効果」**といい、関わっている人が多ければ多いほど責任感が薄れていく。

目の前で凶悪な事件が起きていても、目撃者が多ければ「誰かが助けるだろう」とか「誰かがすでに通報しているはずだ」と考えてしまうような、誰もが陥ってしまう心理なのだ。

そんな傍観者をつくらないためには、全員に**自分がやらなくてはという意識を持たせる**しかない。

だからこそ、「あなただから」という殺し文句を効果的に使ったほうがいいのである。

78 「えーと」が口グセの人を瞬時に落とす心得

人の前でしゃべり始める時に、「えーと」と言ってしまうのが口癖になっている人というのは少なくない。

それも少しくらいなら気にならないが、センテンスごとに入ってくると正直うるさい。本人にしてみれば無意識のうちに出た言葉なのだろうが、聞いているほうはつい「えーと」の数を数え出したりして、話の内容がまったく頭に入ってこなくなってしまうものだ。

この「えーと」を連発する人というのは、ただ緊張したり、その場で考えをまとめているというだけなく自分自身への不確実感があるのではないかと考えられる。

自分への不確実感とは、簡単にいってしまうと自分がどんな存在なのかがわからなくなってしまうことである。

自分を信頼できないので、はっきりとした自分の意見や方針を持てない。そのため、どうしても他人への依存心が強くなり、周りの反応が気になってしまうのだ。

だから、時には「えーと」とはにかんだりしながら、周りからの反応をうかがってしまうのである。

しかし、これをビジネスなどの公の場で連発してしまうと、**取引相手からの信頼が得られない**ばかりか、本人にとっては頑張っても報われない状態が続いてしまうのでますます不確実感が高まってしまう。

このようなタイプが同僚や後輩にいれば、そのはにかみに同調したりせずに**毅然とした態度で話を聞く**というのも一法だ。

最初は、一見冷淡な態度に戸惑うかもしれないが、そうやって周りが一歩引くことで自分が無意識にやっていることのおかしさに気づき、改めようとしてくれるかもしれない。

79 話をさらに掘り下げたい時は、ピンポイントで興味を伝える

同じ内容の話なのに相手によって話しやすい時と、どうにもスムーズに進めにくいと感じる時というのはないだろうか。

その差は、じつは相手の反応にある。

人は誰でも聞き手がうなずきながら自分の話を聞いてくれると、自分に関心や興味を持ってくれていると感じて多くのことを話したくなるが、反対にまったく無反応でうなずきさえしてくれないと言葉の数がグッと少なくなってしまうものだ。

だから、自分が聞き手となった場合にはやたらと質問攻めにするよりも、マメに**うなずくことで相手の言葉を引き出す**ことができる。

ちなみに、その言葉の中にもっと深く聞きたいと思う部分があれば、ひと言こう言ってみるといい。

「あなたの話のココが面白いです」

このひと言だけで、うなずきや相槌を打つ以上に話に対する関心の高さを表すことができる。

どんなに口下手な人やふだん口数が少ない人でも、「ココ」とピンポイントで興味を持たれるとうれしくないわけがないのだ。

また、話すのが苦手なタイプというのは、基本的に相手に気を使う人でもある。こんな話をして相手は面白がってくれるのだろうかとか、どんな話をすればいいのかわからないなどと考えすぎて、話すのが苦手と感じていることも多いのだ。

だから、自分の話のどの部分が面白いのかを指摘してくれるこのひと言で、そんな**コンプレックスから解放される**こともある。

もちろん、口数の少ない人だけでなく、聞きたい情報を持っている人に対してもこのひと言を使ってみると深い話が聞けるかもしれない。

80 他人に認められたい気持ちが強いタイプを〝転がす〟技術

交渉を有利に運ぶためには、相手がどういう性格なのかをよく知ったうえで臨むことが大切である。

この時、交渉の相手が「承認欲求が強い人」だと感じたら、その欲求を満たしてあげることが結果を左右する重要なカギになってくる。

「承認欲求」とは「他者から認められたい」という感情のことだ。この承認欲求が強い人は、認められたい、ほめられたい、感謝されたいという気持ちがとにかく強い。いつも世間から自分がどう思われているのか、評判が気になってしかたないのである。

ＳＮＳなどで頻繁に自分の現状をアップし、「いいね」をもらったり、「すごいですね！」などのコメントをもらったりしては満足している人も承認欲求が強いタイプだといえる。

こういう人は**世間の目をやたらと気にする**から、まずはそのポイントをくすぐるのが効果的だ。

「Aさんは度量が大きい人だと、この業界の人なら皆が知っています」とか「Aさんは人間関係を大切にして仕事をする人だと、B社の部長も絶賛してましたよ」など、世間的な評判を耳に入れて承認欲求を満足させてやるのだ。

そのうえで「Aさんなら今回の案件も快く引き受けてくださると期待しています」などとお願いすれば、断りきれなくなるわけだ。

この会話術は部下とのコミュニケーションツールとしても役立つ。人は誰でも少なからず承認欲求があるので、**リーダーが部下の承認欲求を満たしていく**ことでやる気を喚起させることもできる。

メンバーそれぞれの特性を理解し、その特性に応じて承認欲求を満たしてやればチームは強化されてうまく機能していく。目標達成に向けて、それまで以上の成果をあげることもできるのである。

81 マニュアル通りにしかできない相手を〝泳がせる〟技術

上から言われた通りにしか仕事をしない〝**マニュアル型部下**〟が増えているという。上司にしてみれば、もっと機転を利かせて動けといいたくなるところだろうが、部下にしてみれば勝手な行動をして失敗でもしたら迷惑がかかるからなどという言い分もあるに違いない。

とはいえ、労働心理の研究者によると、人間は誰でも創造力を持ち合わせていて、**環境さえ健全であればそれを発揮することができる**という。もしかすると、社内に蔓延している失敗が許されないようなピリピリとした空気が、若手を圧迫していることもあるのだ。

だからといって、上司の顔色なんて気にするな、どんどん新しいことをやっていこうと言ってもそう簡単に変わってくれるものではない。

そこで、こういうタイプに新しい仕事を与える時には、細かく指示を出したりルールを説明するのではなく、その仕事の目的や役割などの大きな**共通認識だけを伝える**といい。

今まで勉強や就職活動もマニュアルやルールに基づいてやってきた人にとっては酷かもしれないが、それでも彼らは試行錯誤を重ねながらも前に進もうとするはずだ。

もちろん失敗もするかもしれないが、そんな時には上の人間が矢面に立ってすべての責任を負うという**本気度を見せればいい**。そうすることで、上司から学ぼうとする意欲も出てくるはずだ。

失敗を恐れるあまり、なんでもマニュアル通りに進めていると、いつの間にかしゃべり方や動き方までがロボットみたいになっていく。それだけではない。近い将来、台頭するであろうＡＩに仕事を奪われかねない。

だからこそ、**ひとつのゴールに向かって各自が自分で考えて行動する**ことが大切なのだ。

■参考文献

『論理と心理で攻める　人を動かす交渉術』(荘司雅彦／平凡社)、『図解でわかる！ 仕事で役立つ！ 使える！ 心理テクニック』(匠英一監修／PHP研究所)、『すごい「議論」力！』(ロバート・マイヤー著、内田和成訳・解説／三笠書房)、『詭弁論理学』(野崎昭弘／中央公論社)、『〔図解〕すぐ使える！ 論理思考の教科書』(西村克己／PHP研究所)、『ミニマル思考　世界一単純な問題解決のルール』(鈴木鋭智／かんき出版)、『頭のいい説明「すぐできる」コツ』(鶴野充茂／三笠書房)、『図解 3秒で相手を操る！ ビジネス心理術事典』(内藤誼人／イースト・プレス)、『思い通りに人をあやつる101の心理テクニック』(神岡真司／フォレスト出版)、『怖いぐらい人にYESと言わせる心理術』(樺旦純／中経出版)、『知識ゼロからのビジネス心理術』(匠英一監修／幻冬舎)、『知識ゼロからのビジネス交渉術』(谷原誠／幻冬舎)、『思いのままに人を操るブラック心理術』(内藤誼人／方丈社)、『相手に届く「聞いてもらえる」話し方のコツ48』(高嶌幸広／実務教育出版)、『ビジネス心理戦に勝つ最強のスキル55』(渋谷昌三／ぱる出版)、『困ったココロ』(さくら剛／サンクチュアリ出版)、『「できる人」の話し方&コミュニケーション術』(箱田忠昭／フォレスト出版)、『ほんとうに使える論理思考の技術』(木田知廣／中経出版)、『仕事がうまくいく心理学ノート』(樺旦純／成美堂出版)、『相手を自在に操るブラック心理術』(神岡真司／日本文芸社)、『すぐに使える！ 心理学』(渋谷昌三／PHP研究所)、『「説得上手」の科学』(内藤誼人／日本経済新聞社)、『説得するのが「苦手」な人のための「論理的」に話す技術』（廣川州伸／すばる舎）、『「結果を出す会議」に今すぐ変えるフレームワーク38』（小野ゆうこ／日本実業出版社）、『論理的な考え方の基本とコツ』（西村克己／学習研究社）、『知的生産力が劇的に高まる最強フレームワーク100』（永田豊志／ソフトバンククリエイティブ）、『人はこの「心理術」に99％だまされる！』（デヴィッド・リーバーマン著、小田晋訳／三笠書房）、『しまった！「失敗の心理」を科学する』（ジョゼフ・T・ハリナン著、栗原百代訳／講談社）、『口癖の心理学―言葉の裏を読み、本音を見抜くコツ』（千石涼太郎／柏艪舎）、『絶対相手にYESと言わせる心理作戦』（内藤誼人／オーエス出版）、『対人関係で度胸をつける技術』（渋谷昌三／PHP研究所）、『恫喝と脅迫の心理戦術』（向谷匡史／日本文芸社）、『プレジデント　2017.7.31』（プレジデント社）、ほか